### 초등 숙제 왕! 문화재편
**이 문화재로 말할 것 같으면!**

1판 1쇄 발행 2022년 5월 22일
2판 1쇄 발행 2024년 6월 25일

**글쓴이** 김지연 **그린이** 양송이
**발행인** 오영진 김진갑 **발행처** 제제의숲 **기획편집** 이희자
**디자인** 안윤민 김현주 강재준 **마케팅** 박시현 박준서 김승겸 김예은 김수연
**출판등록** 2013년 1월 25일 제2013-000028호
**주소** 서울시 마포구 월드컵북로5가길 12 서교빌딩 2층
**원고 투고 및 독자 문의** midnightbookstore@naver.com
**전화** 02-332-7706 **팩스** 02-332-7741
**블로그** blog.naver.com/midnightbookstore
**페이스북** www.facebook.com/tornadobook

**ISBN** 979-11-5873-309-4 74300
**ISBN** 979-11-5873-238-7 세트

제제의숲은 ㈜심야책방의 자회사입니다.
이 책은 저작권법에 따라 보호를 받는 저작물이므로 무단전재와 무단복제를 금하며, 이 책 내용의 전부 또는 일부를 사용하려면 반드시 저작권자와 제제의숲의 서면 동의를 받아야 합니다.

잘못되거나 파손된 책은 구입하신 서점에서 교환해 드립니다.
맞춤법과 띄어쓰기는 국립국어원의 기준에 따랐습니다.
책 모서리가 날카로워 다칠 수 있으니 사람을 향해 던지거나 떨어뜨리지 마십시오.
종이에 베이지 않게 주의하세요. 책값은 뒤표지에 있습니다.

문화재편

# 초등 숙제 왕!

## 이 문화재로 말할 것 같으면!

김지연 글 | 양송이 그림

제제의숲

# 이 책의 활용 방법

초등학교 교과서에 나오는 문화재 가운데 우리나라 문화재 10종과 세계 여러 나라의 문화재 40종을 나라별, 목적별, 시대별로 다양하게 선별해 넣었습니다. 각 나라의 문화재는 세계 문화를 대표해 유네스코 세계 문화유산으로 선정된 문화재 중에서 골라 넣었지요. 이런 문화재를 제대로 이해하려면 문화재가 만들어진 나라와 그 나라의 문화를 알아야 하기 때문에 문화가 비슷하고 지리적으로 가까운 문화재 순서대로 구성했습니다.

왼쪽 면에 문화재의 특징을 살린 그림과 함께 문화재가 만들어진 나라, 위치, 제작 시기, 유네스코 문화유산 등재 연도, 관련 사건, 관련 인물, 관련 문화재 등을 정리해 놓았고, 그 문화재를 대표하는 말이나, 문화재의 특징을 한마디로 표현한 말을 넣어, 왼쪽 면만 보더라도 **문화재에 대한 핵심 정보**를 알 수 있습니다.

문화재의 이름이나 지명 등은 각 나라마다 표기가 다르고, 통일되지 않아 가능한 하나의 기준으로 통일했으나, 기존에 워낙 많이 쓰여 익숙한 이름은 기존대로 두었습니다. 특히 제작 시기는 추정인 경우도 많고, 여러 건물이나 문화재가 합쳐진 경우, 만들어진 시기가 서로 다르기 때문에 여러 사전과 사이트를 참고하여 표기했습니다.

오른쪽 면에서는 맨 위 한 줄만 읽어도 **문화재의 특징**을 파악할 수 있도록 요약했으며, 초등학생이라면 누구나 쉽게 이해할 수 있도록 설명했습니다.

맨 뒤쪽에 있는 숙제 부록은 학교 숙제로 활용할 수 있도록 **문화재에 대한 핵심 정보와 사진**을 문화재 이름의 가나다 순서대로 배치했습니다.

# 차례

이 책의 활용 방법···4

부처님의 나라를 향한 신라인의 간절함이 담긴 **석굴암과 불국사**···10

과학적인 설계로 팔만대장경을 지금까지 지킨 **해인사 장경판전**···12

조선 왕조를 상징하는 **종묘**···14

자연과 조화를 이루어 더 아름다운 **창덕궁**···16

세계 최초의 계획된 신도시 **수원 화성**···18

우리나라 청동기 시대 연구에 중요한 유적 **고창, 화순, 강화 고인돌 유적**···20

도시 전체가 문화유산 그 자체 **경주 역사 유적 지구**···22

자연과 어우러진 조선 왕과 왕비의 무덤 **조선 왕릉**···24

조선 초기의 유교적 양반 문화를 간직한 **하회 마을과 양동 마을**···26

고구려 사람들의 생각과 생활 모습을 알려 주는 **고구려 고분군**···28

세상에서 가장 긴 성벽 유적 **만리장성**…30

세계에서 가장 규모가 큰 궁전 **자금성(고궁 박물원)**…32

아직도 발굴 중인 거대한 무덤 **진시황릉**…34

불교의 전파 과정을 알려 주는 **호류지의 불교 기념물**…36

전쟁의 상처이면서 평화의 상징이 된 **히로시마 평화 기념관**…38

태국의 화려했던 문화를 엿볼 수 있는 **아유타야 역사 도시**…40

불교의 우주관을 표현한 미스터리한 건축물 **보로부두르 불교 사원**…42

크메르 왕조의 역사를 간직한 힌두교 사원 **앙코르 유적지**…44

인도를 대표하는 이슬람 건축물 **타지마할**…46

바위산에 만들어진 불교 미술의 걸작 **아잔타 석굴**…48

페르시아 제국의 영광을 보여 주는 **페르세폴리스**…50

계획에 따라 건설된 세련된 도시 문명 **모헨조다로 고고 유적**…52

실크로드의 교역지로 문화와 학문이 번성한 **사마르칸트-문화 교차로**…54

세 종교의 성지라 분쟁이 끊이지 않는 **예루살렘 옛 시가지와 성곽**…56

다양한 종교와 문화가 함께하는 **이스탄불 역사 지구**…58

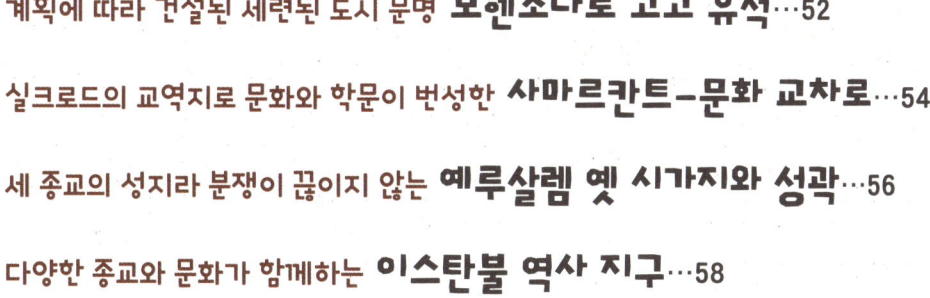

청동기 시대부터 로마 시대까지 층층이 쌓인 **트로이 고고 유적지**…60

높은 곳에 위치한 신성한 도시 **아테네의 아크로폴리스**…62

신을 모시는 숭배의 중심지 **올림피아 고고 유적**…64

고대 로마인의 뛰어난 건축 기술을 보여 주는 **로마 역사 지구**…66

고딕 양식과 르네상스 양식이 섞인 **산타 마리아 교회, 도미니크 수도원**…68

르네상스 예술의 중심지 **피렌체 역사 지구**…70

석호 위에 지어진 물의 도시 **베네치아와 석호**…72

교황이 다스리는 독립된 주권 국가 **바티칸 시티**…74

유럽 문화와 이슬람 문화가 조화를 이룬 곳 **그라나다의 알람브라, 헤네랄리페, 알바이신**…76

이전에 없던 새로운 건축 양식을 창조한 **안토니오 가우디의 건축물**…78

구석기 시대 사람들의 예술성을 엿볼 수 있는 **알타미라 동굴과 구석기 동굴 벽화**…80

오스트레일리아와 시드니를 상징하는 종합 극장 **시드니 오페라 하우스**…82

바로크 양식을 대표하는 화려함 **베르사유 궁전과 정원**…84

프랑스 고딕 양식을 대표하는 건축물 **샤르트르 대성당**…86

풀리지 않는 비밀을 간직한 **스톤헨지와 에이브버리 거석 유적**…88

영국 왕실과 의회 민주주의를 상징하는 **웨스트민스터 궁전과 사원, 성 마거릿 성당**…90

잊지 말아야 할 인간의 잔혹한 역사 **아우슈비츠 비르케나우 강제 수용소**…92

오랜 노력이 담긴 고딕 양식의 걸작 **쾰른 대성당**…94

대주교가 통치하는 도시 국가 형태를 보존한 **잘츠부르크 역사 지구**…96

합스부르크 왕가의 여름 별궁 **쇤브룬 궁전과 정원**…98

러시아 정치와 역사의 중심지 **모스크바 크렘린과 붉은 광장**…100

이집트 문명의 전성기를 보여 주는 **고대 테베와 네크로폴리스**…102

미국의 역사가 시작된 **미국 독립 기념관**…104

멕시코의 신비로운 유적 **테오티우아칸**…106

신비에 싸인 공중 도시 **마추픽추 역사 보호 지구**…108

사진 출처…110

찾아보기…112

숙제 부록…114

### 부처님의 나라를 향한 신라인의 간절함이 담긴
# 석굴암과 불국사

**국가** 대한민국
**위치** 경상북도 경주시
**제작 시기** 통일 신라(751년~774년)
**등재 연도** 1995년
**관련 문화재** 석가탑, 다보탑

> 불국사라는 이름은 '불국정토', 즉 '부처님이 사는 걱정과 근심 없는 아주 깨끗한 세상'이라는 말에서 유래했어. 부처님의 세상을 절의 형태로 나타낸 거야.

불국사에서 버스를 타고 토함산을 올라가면 석굴암을 만날 수 있어. 석굴암은 자연 동굴이 아닌 화강암을 다듬어 인공적으로 쌓아 만든 바위굴 사찰이야. 둥근 모양의 주실 가운데에 '본존여래 좌상'이 있고, 그 주위 벽면에 보살상, 나한상, 등의 조각상이 조화롭게 배치되어 있어.

시간이 흐르며 파손되기도 하고, 여러 번의 보수를 거치면서 훼손이 심해졌지. 그래서 지금은 유리문 너머로만 볼 수 있고, 내부는 부처님 오신 날에만 만날 수 있단다.

불국사는 한때 불타기도 했지만, 다행히 복원되었어. 돌을 견고하고 질서 있게 쌓아 만든 기단과 두 개의 돌로 만든 탑인 '석가탑(삼층석탑)'과 '다보탑'이 특히 유명해. 석가탑과 다보탑은 고대 불교 예술을 보여 주는 최고의 작품으로 꼽혀.

통일 신라 시대에 유명한 절이 두 개 있었는데, 불국사랑 지금은 불타 없고 터만 남아 있는 황룡사야. 황룡사는 규모가 아주 크고 웅장한 절로 유명했고, 불국사는 치밀한 구성으로 완성도가 높은 절로 유명했어.

석가탑(왼쪽)과 다보탑(오른쪽)은 나란히 서 있어. 동쪽에 있는 것이 다보탑이고 서쪽에 있는 것이 석가탑이지. 다보탑은 우리나라 10원짜리 동전 뒷면에 새겨져 있어.

경상북도 가야산에 해인사라는 절이 있는데, 그곳에 장경판전이 있어. 장경판전은 부처님 말씀을 새긴 팔만대장경을 보관하기 위해 만들어진 건물이야.

### 과학적인 설계로 팔만대장경을 지금까지 지킨
# 해인사 장경판전

**국가** 대한민국
**위치** 경상남도 합천군
**제작 시기** 미상(1457년~1488년 다시 지어짐)
**등재 연도** 1995년
**관련 문화재** 팔만대장경

고려는 몽골이 침입하자 부처님의 힘으로 나라를 지키기 위해 1236년부터 1251년까지 16년 동안 정성을 다해 목판에 부처님의 말씀을 새겼어. 그 경판의 수가 무려 8만 1258개로, 8만 개가 넘어 '팔만대장경'이라고 하지. 팔만대장경은 그 가치를 인정받아 유네스코 세계 기록 유산으로 등록되었어.

팔만대장경의 판목은 썩는 것을 막기 위해 나무를 3년 동안 바닷물에 담갔다가 그늘에서 말렸다고 해. 그런 다음 솥에 쪄서 옻칠을 했지. 또 뒤틀림을 막기 위해 양쪽 끝에 각목을 붙이고 귀퉁이를 구리로 장식했어.

장경판전은 팔만대장경을 보관하기 위해 만들어진 건물이야. 지금으로 치면 책을 보관하는 서고나 도서관이라고 할 수 있어.

장경판전은 해인사 안쪽 언덕에 지어진 단층의 나무 건물인데, 겉으로 보기에는 단순하고 평범해 보여. 하지만 목판이 썩지 않고 오랫동안 온전한 모습으로 보관될 수 있도록 과학적으로 설계되었어.

먼저 공기 순환을 위해서 남쪽의 큰 창으로 바람이 들어오면, 경판 사이를 돌아 북쪽의 큰 창으로 빠져나가게 되어 있어. 또 장경판전 바닥은 숯, 소금, 횟가루를 모래와 찰흙에 섞어서 다져 놓았지. 장마철에 습기를 빨아들이고 건조할 때 수분을 내보내 적절한 습도를 유지하도록 만든 거야. 창살과 회벽도 햇살의 양을 고려해서 만든 거란다. 공기 순환과 습도까지 생각한 우리 조상들의 슬기가 대단하지 않니?

소금
숯
→ 공기의 움직임
장경판을 두는 선반
모래+횟가루+찰흙

장경판전의 과학적인 건축 원리가 보이니?

조선 왕조를 상징하는

# 종묘

**국가** 대한민국
**위치** 서울특별시 종로구
**제작 시기** 조선(1394년~1395년)
**등재 연도** 1995년
**관련 문화재** 종묘 제례, 종묘 제례악

> 종묘는 조선 시대 왕과 왕비의 신주를 모신 사당이야. 유교 예법에 따른 조선 시대 왕실을 상징하고 왕실의 정통성을 유지하기 위해 만들어졌지.

종묘는 조선 시대 왕과 왕비의 이름을 적은 신주를 모신 사당이야.

신주가 뭐냐고? 유교는 사람이 죽으면 영혼은 하늘로 올라가고 육체는 땅으로 돌아간다고 믿어. 그래서 죽은 사람의 영혼이 의지할 수 있는 상징물을 만들어 보관하는데, 그것을 '신주'라고 해. 그러니까 종묘는 죽은 왕과 왕비의 영혼을 모시는 특별한 곳이지.

조선 시대 왕들은 신하들과 함께 종묘에 가서 국가와 백성을 위한 '종묘 제례'라는 제사를 조상들에게 지냈어. 이때 연주되는 음악이 '종묘 제례악'이야. 종묘 제례악은 종묘에서 제사를 지낼 때 하는 악기 연주, 노래, 무용을 모두 일컬어 부르는 말이야.

종묘 제례악은 종묘에서 제사를 지낼 때 하는 악기 연주, 노래, 무용을 모두 일컬어 부르는 말이야.

종묘 제례와 종묘 제례악은 세계 무형 유산으로 지정되었어. 지금도 조선 시대의 전통을 살려 일 년에 두 번, 5월과 11월에 종묘 제례를 지내니 조선 왕조의 제례 문화를 알고 싶다면 한번 참석해 봐. 지하철을 타고 서울 종로3가역에서 내리면 종묘에 갈 수 있어.

종묘에서 가장 중요한 건물은 '정전'이야. 아무 장식을 하지 않은 단순한 구조의 나무로 만들어진 건물이지만 신주가 있는 곳이지. 정전의 길이는 101미터에 달하는데, 이렇게 길어진 이유는 왕이 늘 때마다 방도 늘었기 때문이야.

자연과 조화를 이루어 더 아름다운
# 창덕궁

**국가** 대한민국
**위치** 서울특별시 종로구
**제작 시기** 조선(1405년)
**등재 연도** 1997년
**관련 문화재** 종묘, 창경궁

> 창덕궁은 전쟁이나 재난을 대비해 지어진 궁궐로, 경복궁의 동쪽에 있어. 창덕궁의 건물들은 주변 자연환경을 이용해 자연스럽게 조화를 이루도록 지어졌지.

창덕궁은 전쟁이나 재난을 대비해 지어진 궁궐이야. 평탄한 곳에 자리 잡은 경복궁과 달리 경복궁의 동쪽, 언덕에 있어. 보통 궁궐은 왕조의 권위와 위엄을 드러내기 위해 웅장하게 짓는 경우가 많아. 하지만 창덕궁의 건물들은 주변 자연환경을 이용해 자연스럽게 조화를 이루도록 지어졌단다. 그래서 경복궁보다 창덕궁을 더 좋아한 왕이 많았지.

창덕궁 북쪽에 있는 후원은 우리나라 왕실의 정원을 대표한다고 할 수 있어. 인공적으로 만든 연못과 건물까지 자연의 일부처럼 느껴질 정도란다.

창덕궁은 임진왜란 때 불타기도 했지만, 조선 초부터 대한 제국 시절까지, 조선 왕실의 가장 가까이에서 그들의 기쁨과 슬픔을 함께한 궁인 셈이야.

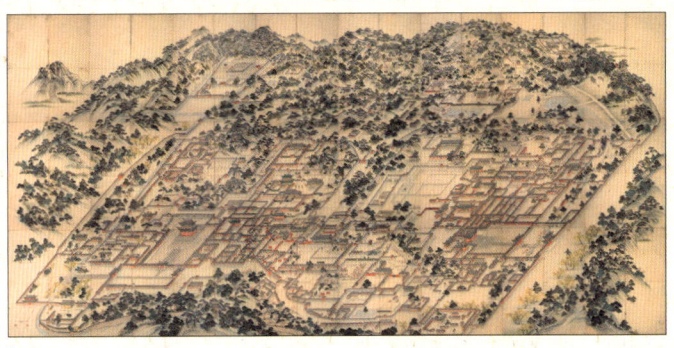
경복궁의 동쪽에 있는 창덕궁과 창경궁을 그린 〈동궐도〉야. 조선 시대에는 종묘, 창덕궁, 창경궁이 담장 하나를 사이에 두고 다 연결되어 있었어.

인정전은 창덕궁에서 으뜸인 건물로 궁궐의 권위를 나타내고 의식을 치르는 공간이었지.

세계 최초의 계획된 신도시
# 수원 화성

**국가** 대한민국
**위치** 경기도 수원시
**제작 시기** 조선
(1794년~1796년)
**등재 연도** 1997년
**관련 인물** 정조, 정약용

화성은 정조 임금이 새로운 도시를 만들려는 계획으로 쌓은 성곽이야. 당시의 기술과 능력을 총동원해 주변 자연과 어우러지면서도 과학적이고 실용적으로 만들어졌어.

조선 시대 정조 임금은 자신의 아버지 장헌 세자(사도 세자)의 묘를 수원으로 옮기면서 이곳에 새로운 도시를 만들어야겠다고 생각했어. 그게 바로 완벽하게 계획된 도시 성곽인 화성이야.

수원 화성은 우리나라의 전통적인 성 쌓는 기법에 다른 나라 성곽의 장점과 기술을 조화시켜 만들어졌어. 1794년에 시작해 2년 6개월 만에 완성했으니, 당시의 뛰어난 기술과 능력을 짐작할 수 있겠지? 이전에 비해 공사 기간이 5분의 1이나 단축된 셈인데, 정약용의 발명품인 거중기가 큰 역할을 했어. 거중기는 도르래의 원리를 이용해 적은 힘을 들여 무거운 돌을 들어 올릴 수

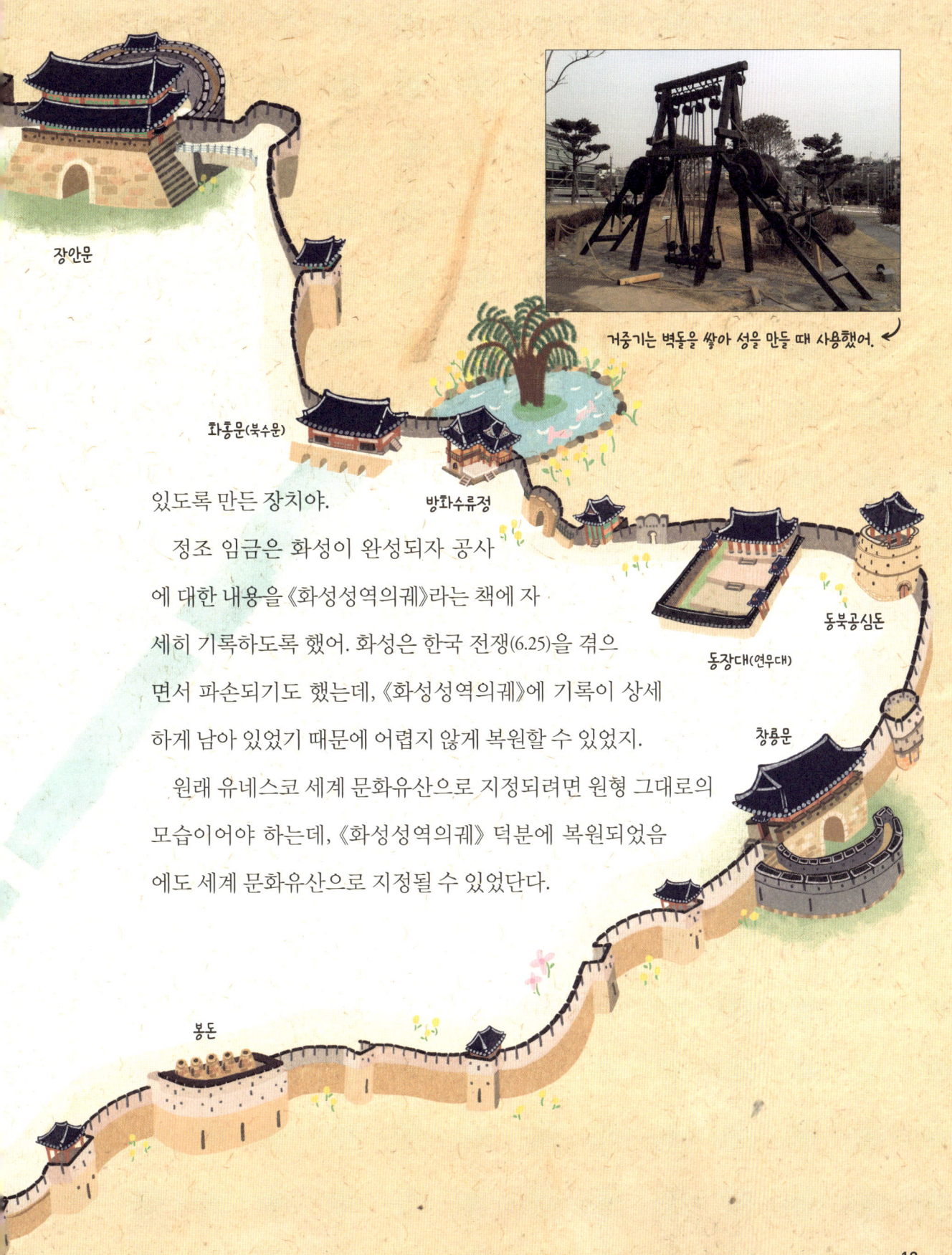

거중기는 벽돌을 쌓아 성을 만들 때 사용했어.

있도록 만든 장치야.

정조 임금은 화성이 완성되자 공사에 대한 내용을 《화성성역의궤》라는 책에 자세히 기록하도록 했어. 화성은 한국 전쟁(6.25)을 겪으면서 파손되기도 했는데, 《화성성역의궤》에 기록이 상세하게 남아 있었기 때문에 어렵지 않게 복원할 수 있었지.

원래 유네스코 세계 문화유산으로 지정되려면 원형 그대로의 모습이어야 하는데, 《화성성역의궤》 덕분에 복원되었음에도 세계 문화유산으로 지정될 수 있었단다.

우리나라 청동기 시대 연구에 중요한 유적

# 고창, 화순, 강화 고인돌 유적

**국가** 대한민국
**위치** 전라북도 고창군, 전라남도 화순군, 인천광역시 강화군
**제작 시기** 청동기 시대(기원전 2000년~1000년 추정)
**등재 연도** 2000년

커다란 바위로 만든 선사 시대 무덤이 고인돌이지. 이 커다란 바위를 옮기려면 많은 사람이 힘을 합쳐야 했을 거야. 그래서 힘 있는 사람의 무덤이라고 생각하지.

우리나라 선사 시대 유적 하면 고인돌을 빼놓을 수 없지. 사진으로 많이 봤을 거야. 탁자처럼 생긴 것도 있고, 바둑판처럼 생긴 것도 있고. 고인돌은 청동기 시대 사람들이 커다란 바위를 이용해 만든 무덤이야. 무덤에서는 청동기 시대의 유물이 함께 발견되기도 한단다.

탁자처럼 생긴 고인돌(인천광역시 강화군 부근리)이야.

우리나라의 고인돌은 좀 특별해. 전 세계의 고인돌 중 절반에 해당하는 약 3만여 기의 고인돌이 한반도에 집중적으로 분포되어 있거든. 주로 북한의 평양시, 전라도의 고창, 화순, 인천시의 강화에 있어.

비슷한 형태의 고인돌이 중국, 티베트, 일본에서도 발견된 것을 보면 선사 시대에도 문화 교류가 이루어졌으리라고 추측할 수 있지.

바둑판처럼 생긴 고인돌(고창군 고창읍 죽림리)이지.

고인돌을 만드는 모습을 상상해 보면 당시의 사람들이 살아가는 모습이 생생하게 그려질 거야.

고인돌 만드는 과정

도시 전체가 문화유산 그 자체

# 경주 역사 유적 지구

**국가** 대한민국
**위치** 경상북도 경주시
**제작 시기** 삼국 시대 신라, 통일 신라(7세기~10세기)
**등재 연도** 2000년
**관련 문화재** 안압지, 천마총, 첨성대, 나정, 포석정 등

경주는 천 년 가까이 신라의 도읍지였기 때문에 도시 곳곳에 문화유산이 있어. 경주 역사 유적 지구는 크게 다섯 구역으로 나누어져 있어.

분황사
대릉원
첨성대
포석정

도시 전체가 문화유산이라니, 대단하지 않니? 그럴 수밖에 없는 게 경주는 기원전 57년부터 935년까지, 천 년 가까이 신라의 도읍지였기 때문이야. 신라 시대에는 '서라벌'이나 '계림'으로 불리다가 고려 시대부터 '경주'라고 불렸어. 지금은 서울이 우리나라의 수도이자 문화의 중심지라면, 옛날에는 경주가 가장 큰 도시이자 문화의 중심지였지. 신라 시대의 조각, 탑, 절터, 궁궐터, 왕릉, 산성 등이 현재까지 남아 있어서 신라 시대의 뛰어난 문화와 예술성을 엿볼 수 있어. 도시 전체가 보물 창고인 셈이야.

경주 역사 유적 지구는 크게 다섯 구역으로 나누어져 있어. 불교 유물과 유적이 곳곳에 숨어 있는 '남산 지구', 신라 왕조의 궁궐터가 있던 '월성 지구', 신라 왕들의 고분이 있는 '대릉원 지구', 황룡사 터와 분황사 터가 있는 '황룡사 지구', 신라를 지킨 산성이 남아 있는 '산성 지구'야.

대왕암

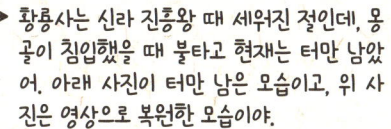
황룡사는 신라 진흥왕 때 세워진 절인데, 몽골이 침입했을 때 불타고 현재는 터만 남았어. 아래 사진이 터만 남은 모습이고, 위 사진은 영상으로 복원한 모습이야.

동양에서 가장 오래된 천문대인 첨성대도 경주에 있어.

자연과 어우러진 조선 왕과 왕비의 무덤
# 조선 왕릉

**국가** 대한민국
**위치** 서울 외곽 여러 곳
**제작 시기** 조선(1392년~1910년)
**등재 연도** 2009년
**관련 문화재** 선릉, 정릉, 동구릉, 서오릉, 영릉, 홍릉 등

519년 동안 조선을 통치한 왕가의 무덤 119기가 남아 있어. 이 중 42기는 왕릉으로, 왕과 왕비의 무덤을 말해. 왕릉 42기 중 우리나라에 있는 40기가 세계 문화유산으로 등재되었어.

조선 왕릉은 한 사람의 무덤이 아니라 왕가의 무덤이야. 519년 동안 이어진 왕조의 왕과 왕비의 무덤이 이처럼 완벽하게 보존된 나라는 우리나라가 유일해. 중국의 진시황릉이나 이집트의 피라미드와 비교하면 조선 왕릉은 규모가 작은 편이지만 말이야.

왕릉에는 무덤만 있는 것이 아니라 의례를 위한 장소도 있어. 사진은 광릉 재실로, 재실은 제사를 지내기 위해 무덤 옆에 지은 건물을 말해.

왕릉은 자연과 함께 어우러진 아름다움이 느껴져. 주로 남쪽에 물이 있고 뒤로는 언덕이 있어 무덤이 보호되는 배산임수(산을 등지고 물을 바라보는 지형)의 터에 자리 잡고 있지.

조선 왕조의 무덤은 모두 119기인데, 이 중에서 왕과 왕비가 잠들어 있는 '왕릉'은 42기, 왕세자와 왕세자빈이 묻힌 '원'은 13기, 대군, 공주, 옹주, 후궁, 귀인이 묻힌 '묘'가 64기 있어. 왕릉 42기 중 40기가 유네스코 세계 문화유산에 등재된 것이고, 등재되지 못한 2기는 북한에 있단다.

왕릉은 대부분 조선의 도읍지였던 서울과 서울 외곽 열여덟 곳에 있어. 조선 시대에 왕릉은 한양의 사대문 10리 밖 80리(오늘날의 52킬로미터 정도) 안에 있어야 한다는 법이 있었거든. 궁궐에서 출발한 임금의 참배 행렬이 하루 안에 도착할 수 있는 거리여야 했지.

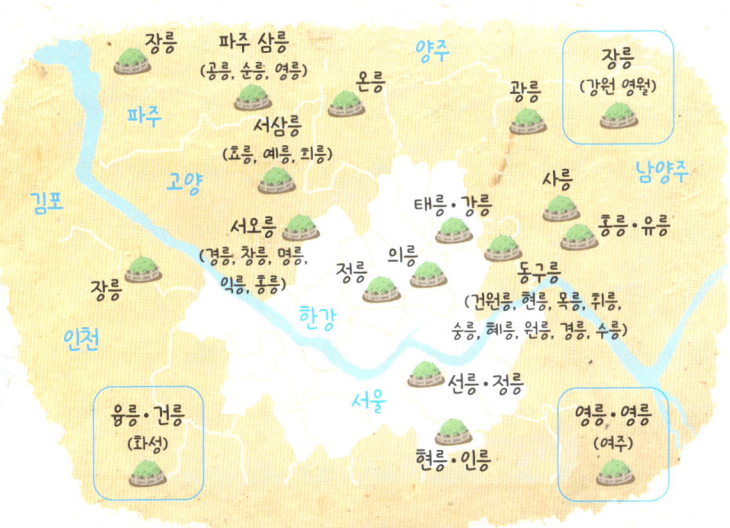
우리나라에 있는 조선 왕릉의 분포를 나타낸 그림이야.

조선 초기의 유교적 양반 문화를 간직한

# 하회 마을과 양동 마을

**국가** 대한민국
**위치** 경상북도 안동시, 경주시
**제작 시기** 조선(14세기~15세기)
**등재 연도** 2010년
**관련 인물** 류성룡

하회 마을과 양동 마을은 수백 년 동안 씨족 사회의 전통을 이어 온 곳이야. 강이 마을을 감싸며 흐르고 있어서 '하회(물돌이) 마을'이라고 해.

우리나라에서 전통이 살아 있는 도시를 뽑으라고 하면 '안동'을 떠올리는 사람이 많을 거야. 안동의 많은 곳 중에서도 하회 마을이 특히 유명해. 우선은 마을 풍경이 아주 독특하기 때문이야. 강이 마치 마을을 감싸며 흐르는 듯한 모습이거든. 그래서 마을 이름이 '강물이 휘돌아 간다'는 뜻의 '하회'인 거야.

하회 마을이 유명한 또 다른 이유는 풍산 류씨의 집성촌이기 때문이야. '집성촌'은 '같은 성을 가진 사람들이 모여 사는 마을'을 뜻해. 하회 마을은 같은 조상을 가진 같은 핏줄의 사람들이 모인 씨족 마을이지. 지금도 마을 주민 70퍼센트는 류씨라고 해.

하회 마을 같은 전통적인 씨족 마을이 또 있어. 경주에 있는 양동 마을은 여주 이씨와 경주 손씨가 서로 협동하고 경쟁하며 600년 넘게 역사를 이어 온 마을이야.

하회 마을과 양동 마을에는 종가와 양반들이 살았던 목조 가옥, 정자와 정사, 서원과 사당, 옛 평민들이 살던 흙집과 초가집 등이 잘 보존되어 있어. 조선 초기부터 만들어진 유교적 양반 문화가 잘 보존되어 남아 있는 곳이지.

양동 마을은 우리나라의 씨족 마을 중에서도 역사가 가장 오래된 마을이야.

## 고구려 사람들의 생각과 생활 모습을 알려 주는
# 고구려 고분군

**국가** 조선 민주주의 인민 공화국(북한)
**위치** 평양직할시, 평안남도 남포, 황해남도 안악
**제작 시기** 고구려(기원전 7세기~1세기)
**등재 연도** 2004년

> 옛날 무덤 중에서 역사적인 자료가 될 수 있는 무덤을 '고분'이라고 해. 고구려 고분에는 무덤 벽화가 그려져 있는데, 이것을 보고 고구려 사람들이 어떻게 살았는지를 알 수 있어.

'고분'은 '옛날 무덤 중에서 역사적인 자료가 될 수 있는 무덤'을 말해. 죽은 사람을 묻는 무덤이 어떻게 자료가 될 수 있느냐고?

고구려의 고분은 무덤 안의 천장과 벽에 '벽화'라고 부르는 그림이 그려져 있거든. 벽화에는 무덤 주인이 평소 생활하는 모습이나 좋아하는 것이 그려져 있어서 고구려 사람들이 어떤 생각을 하고, 어떤 모습으로 살았는지를 알 수 있어. 그래서 고구려 문화를 연구하는 데 중요한 자료가 되고 있지. 또 고구려의 고분 벽화는 남쪽에 있던 백제, 신라, 가야에도 영향을 미쳤어.

수산리 고분 벽화에는 무덤 주인이 죽은 뒤에도 행복하게 살기를 원했던 마음이 담겨 있어.

황해남도 안악군 안악3호분 묘의 주인을 그린 벽화야.

고구려 고분은 중국과 북한에 분포되어 있는데, 고구려 건국 초기의 중심지인 압록강 유역과 후기의 중심지인 대동강 유역에 집중적으로 분포되어 있어. 지금까지 1만 기 정도가 발견됐는데, 모든 고분에 벽화가 있는 것은 아니고 90기 정도에만 벽화가 있어. 벽화가 있는 고분은 규모가 커서 신분이 높은 사람의 무덤이라는 걸 알 수 있지.

유네스코 세계 문화유산으로 등재된 북한의 고구려 고분군은 다섯 개 지역의 고분 63기이고, 이 중에서 벽화가 있는 고분은 16기야.

동명왕릉은 활을 잘 쏴서 '주몽'이라고 불렸던 고구려의 시조 동명 성왕의 무덤이야.

세상에서 가장 긴 성벽 유적
# 만리장성

**국가** 중국
**위치** 라오닝, 지린, 허베이, 베이징, 톈진, 산시, 내몽골, 닝샤, 간쑤, 신장, 산둥, 허난, 후베이, 후난, 쓰촨, 칭하이, 그 밖의 자치주
**제작 시기** 기원전 220년~17세기
**등재 연도** 1987년
**관련 인물** 진시황제

> 북쪽 유목 민족의 침입을 막기 위해 중국에서 세운 성벽이 만리장성이야. 만리장성은 자연을 최대한 이용해서 만들었어.

중국은 옛날부터 북쪽에 사는 유목 민족의 잦은 침입을 받았어. 그걸 막기 위해 세운 성벽이 만리장성(완리창청)이란다. 처음 쌓기 시작한 사람은 중국을 최초로 통일한 진나라의 시황제야. 기원전 214년에 쌓기 시작했고 명나라 때 오늘날 남아 있는 성벽의 대부분을 쌓아 17세기에 완성되었어. 완성하는 데에 무려 2000년 정도가 걸린 셈이야.

　만리장성은 지도상으로 길이가 2,700킬로미터에 이르는데, 중간에 갈라져 나온 부분까지 반영하면 실제 성벽의 길이는 6,352킬로미터에 이른다고 해. 최근 중국에서 발표한 길이는 더 길지. 사실 만리장성은 정확한 수치를 이야기하기가 어려워. 왜냐하면 만리장성은 덧붙여 짓고 고치는 과정이 수없이 반복되었기 때문이야.

　만리장성은 지역에 따라 성벽의 높이와 폭이 달라. 자연을 최대한 이용해서 만들었기 때문이기도 하고, 중요한 요충지는 더 튼튼하고 높게 만들었기 때문이기도 해.

　이렇게 길고 튼튼한 만리장성을 만들기까지 시간도 오래 걸렸지만 얼마나 많은 사람이 애썼을까도 한번 생각해 보면 좋겠어.

세계에서 가장 규모가 큰 궁전
# 자금성(고궁 박물원)

**국가** 중국
**위치** 베이징
**제작 시기** 1406년~1420년
**등재 연도** 1987년

> 자금성은 규모로 따지면 세계에서 가장 큰 궁궐이야. 동서 길이 약 760미터, 남북 길이 약 960미터, 면적이 약 72만 제곱미터에 달하지.

자금성(쯔진청)은 1406년에 명나라 영락제가 북경(베이징)으로 수도를 옮기면서 짓기 시작해 약 15년 만에 완공된 궁전이야. 그때부터 명나라, 청나라의 스물네 명의 황제가 약 500년 동안 이곳에 살았지.

자금성이라는 이름은 보라색 또는 자주색을 의미하는 '자(紫)', 금지라는 뜻의 '금(禁)', 도시라는 의미의 '성(城)'이 합쳐진 거야. 황제는 하늘로부터 신성함을 부여받은 존재이고, 황제의 허락 없이 누구도 들어오거나 나갈 수 없는 곳이라는 의미지.

1925년부터는 궁전의 기능을 잃고 명·청 시대의 유물을 전시하는 박물관으로 사람들에게 공개되었어. 그래서 요즘엔 자금성이라는 이름보다 '고궁 박물원'으로 불리고 있어.

자금성은 세계에서 규모가 가장 큰 고대 건축물로 불려. 건물이 980채, 방이 8707칸이라고 하니 그 규모가 얼마나 큰지 짐작이 되지?

자금성은 크게 '외조'와 '내정'으로 나눌 수 있어. 외조는 황제가 나랏일을 돌보거나 의식을 진행하던 장소야. 내정은 황제가 휴식을 취하는 개인적인 공간이지. 자금성의 정문인 오문을 지나면 태화전, 중화전, 보화전이 있는 외조가 나오고, 건청문을 지나 안으로 들어가면 건청궁, 교태전, 곤녕궁 등이 있는 내정이 있어.

↳ 자금성의 정전인 태화전이야.

↳ 자금성을 보호하기 위해 높이가 10미터가 넘는 성벽을 쌓고, 그 주위를 배를 타지 않으면 건널 수 없는 해자(호성하)로 둘러쌓어.

### 아직도 발굴 중인 거대한 무덤
# 진시황릉

산처럼 보이는 게 중국을 최초로 통일한 진시황의 무덤이야. 흙을 구워 만든 병사 인형인 '병마용'이 무덤 주변에서 발견되었어.

**국가** 중국
**위치** 산시성 시안
**제작 시기** 기원전 246년~기원전 208년
**등재 연도** 1987년
**관련 인물** 진시황제

춘추 전국 시대로 혼란했던 중국을 최초로 통일한 나라가 진나라야. 진나라의 첫 번째 황제가 바로 시황제이지. 그래서 우리가 '진시황'이라고 부르는 거야.

진시황의 권력이 얼마나 막강했는지는 그의 무덤을 보면 알 수 있어. 무덤은 높이가 76미터, 동서로는 485미터, 남북으로는 515미터 정도의 규모야. 사마천이 쓴 《사기》라는 역사책에는 진시황이 황제에 오르면서 공사를 시작해 중국을 통일한 후에 70만 명이 넘는 인원을 동원해 다음 황제가 무덤을 완성했다고 기록되어 있어.

무덤 주변은 내성과 외성이 둘러싸고 있어. 진시황의 관이 있는 무덤은 아직 발굴을 시작하지도 않았고, 현재는 내성과 외성 주변을 발굴하고 있단다. 내성과 외성 주변에서 흙을 구워 만든 병사 인형인 '병마용' 수천 개가 발견되었어. 이를 복원하는 데만 수백 년이 걸릴 것으로 예상한다고 해. 1974년에 발견되었는데, 여전히 발굴이 진행 중이야.

↳ 진시황의 모습을 상상해서 그린 그림이야.

↳ 병마용을 보고 당시 병사들의 의복과 무기 등을 알 수 있어.

불교의 전파 과정을 알려 주는
# 호류지의 불교 기념물

**국가** 일본
**위치** 나라
**제작 시기** 607년
**등재 연도** 1993년
**관련 인물** 쇼토쿠 태자

> 호류지의 불교 기념물은 일본에서 처음으로 유네스코 세계 문화유산에 지정된 유적이야. 세계에서 가장 오래된 나무 건축물이기도 하지.

호류지(법륭사)의 불교 기념물은 일본에서 최초로 세계 문화유산에 지정된 유적이야. 호류지 동원에 있는 21개 건축물, 서원에 있는 9개 건축물, 17개의 기타 건축물, 호키지(법기사)의 3층 석탑 등 48개의 기념물이 세계 문화유산에 포함되어 있어. 예술적 가치가 높아 불교 미술의 보물 창고라고도 불리지.

호류지는 세계에서 가장 오래된 나무로 만든 건축물이자, 일본에서 가장 오래된 불교 기념물이야. 불교 신자였던 쇼토쿠 태자가 국가를 지키고 왕실을 보호하는 사찰로 지었지. 670년에 불탔지만 708년부터 747년까지 복구공사가 이루어졌어.

호류지에는 고구려의 승려 담징이 그린 금당 벽화, 백제의 정림사지 오층 석탑을 닮은 오중탑(오층탑) 같은 건축물이 있어서 당시 일본이 삼국 시대 우리나라의 영향을 받았다는 걸 알 수 있어. 그뿐만 아니라 불교가 중국에서 우리나라를 거쳐 어떻게 일본에 전파되었는지 알려 준다는 점에서 의미가 있어.

↘ 쇼토쿠 태자(가운데)는 불교를 받아들이는 등 선진 문물을 일본에 도입하려고 노력한 인물이야.

↘ 부여 정림사지 오층 석탑(왼쪽)과 호류지 오중탑(오른쪽)이 닮았는지 비교해 봐.

전쟁의 상처이면서 평화의 상징이 된
# 히로시마 평화 기념관

**국가** 일본
**위치** 히로시마
**제작 시기** 1915년
**등재 연도** 1996년
**관련 사건** 태평양 전쟁

원자 폭탄이 떨어진 이후 당시의 상태 그대로 보존된 이 건물은 '원폭 돔'이라는 이름으로 불려.

히로시마 평화 기념관은 원래 히로시마시의 상업 전시관이었어. 산업 생산을 더 활발하게 만들기 위해 세운 건물이었지. 그러던 중에 제2차 세계 대전이 일어났고, 1945년에 미국이 전쟁 종결을 위해 전쟁을 일으킨 일본 히로시마에 원자 폭탄을 떨어뜨리는 사건이 발생했어. 이 일로 도시는 파괴되었고, 14만 명의 시민이 목숨을 잃었어. 모든 건물이 파괴되고 흔적도 없는데, 상업 전시관의 중앙 돔 부분과 건물 일부가 유일하게 남았던 거야.

사람들은 원자 폭탄이라는 핵무기가 얼마나 위험하고 파괴적인지, 또 전쟁이 얼마나 참혹한 일인지 알리기 위해서 이 건물을 그대로 보존했어. 그리고 이곳을 히로시마 평화 기념 공원으로 만들고, 매년 이곳에서 히로시마 평화 기념식을 열어. 결국 이 건물은 히로시마 평화 기념관이 되었지.

히로시마 평화 기념관 같은 전쟁 유적도 세계 문화유산이 될 수 있는지 의아해하는 사람이 있을지도 모르겠어. 유네스코 세계 문화유산 등록 요건 중에 '역사적 중요성이나 함축성이 많이 담긴 사상, 신념, 사진, 인물과 중요하게 연관되는 유산'에 해당되기 때문에 세계 문화유산이 될 수 있었던 거야.

1945년 히로시마에 투하된 원자 폭탄 리틀 보이 모형이야. 전쟁에서 사용된 최초의 핵무기지.

원자 폭탄이 떨어지고 난 뒤의 히로시마 모습이야. 원폭 돔은 원자 폭탄의 참상을 알리는 상징이 되었지만, 비참한 전쟁을 떠오르게 하니까 없애야 한다는 의견도 있어.

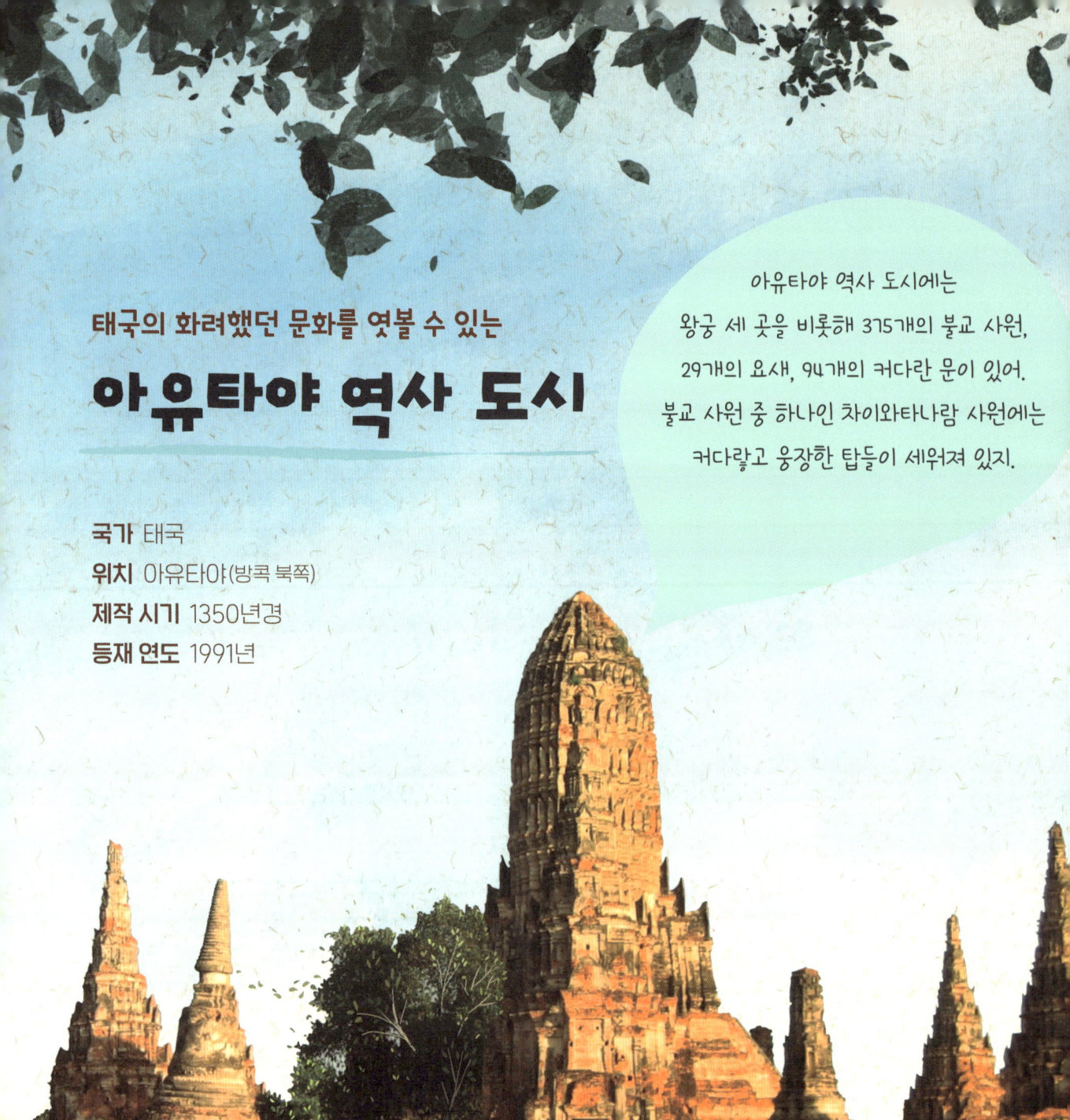

태국의 화려했던 문화를 엿볼 수 있는
# 아유타야 역사 도시

**국가** 태국
**위치** 아유타야(방콕 북쪽)
**제작 시기** 1350년경
**등재 연도** 1991년

아유타야 역사 도시에는 왕궁 세 곳을 비롯해 375개의 불교 사원, 29개의 요새, 94개의 커다란 문이 있어. 불교 사원 중 하나인 차이와타나람 사원에는 커다랗고 웅장한 탑들이 세워져 있지.

태국의 첫 번째 왕조 수코타이에 이어서 두 번째 왕조가 1350년에 건설한 수도가 바로 아유타야야. 아유타야는 '불멸(사라지지 않는다)'이라는 뜻이 있어. 400년 동안 화려한 문화를 꽃피우며 발전했지만, 1767년에 버마(지금의 미얀마)의 침략을 받아 역사 속으로 사라지고 말았어. 200년 동안이나 정글에 남겨진 채 잊혔다가 유네스코의 발굴 작업으로 세상에 그 모습을 드러냈지.

온전한 모습이 아닌 파괴된 모습으로 발견되었지만, 남은 유적을 통해 옛날의 화려한 모습을 짐작할 수 있어. 불교를 숭배했던 왕조답게 수많은 사원이 눈에 띄어. 또 왕궁과, 요새, 커다란 문 등의 건축물, 황금으로 만든 그릇과 생활용품을 통해 아유타야의 왕이 얼마나 막강한 힘을 가졌는지 알 수 있어.

대표적인 유적으로는 왕궁에 세워진 사원인 프라시산펫 사원, 커다랗고 웅장한 탑들이 있는 차이와타나람 사원, 아유타야에서 가장 먼저 프랑(크메르 양식의 탑)이 만들어진 마하탓 사원, 엄청나게 큰 옆으로 누운 불상으로 유명한 로카이수타람 사원 등이 있어.

↳ 프라시산펫 사원은 왕의 전용 사원으로 국가적인 종교 행사를 치르던 곳이었지.

↳ 마하탓 사원의 커다란 보리수나무 뿌리에는 목이 잘린 불상의 얼굴이 남아 있어.

불교의 우주관을 표현한 미스터리한 건축물
# 보로부두르 불교 사원

**국가** 인도네시아
**위치** 자바섬 욕야카르타 북서쪽
**제작 시기** 750년~842년
**등재 연도** 1991년

보로부두르는 샤일렌드라 왕조의 불교 기념물이야. 세계 최대 규모의 불교 유적이고, 앙코르 유적지와 함께 동남아시아를 대표하는 유적이지.

'보로부두르'라는 이름은 산스크리트어로 '언덕 위에 있는 불교 사원'이라는 뜻이야. 이 이름은 발굴된 이후에 붙여진 것이고, 당시의 사람들이 어떻게 불렀는지 지금은 알 수 없어. 보로부두르는 불교 사원이라고 부르지만 하나의 거대한 불교 미술품이라고도 볼 수 있어. 불교의 우주관을 그린 그림을 '만다라'라고 하는데, 이 만다라를 건축물로 표현했다고 할 수 있지.

보로부두르는 8세기경 샤일렌드라 왕조 시대에 세워진 것으로 추측해. 10세기 초에 샤일렌드라 왕조가 멸망한 뒤 거의 천 년 동안 사람들에게 잊혔다가 1814년에 자바섬의 귀족과 영국의 식민지 관리인에게 발견되었어. 어떤 이유로 방치되었는지는 아직도 미스터리란다. 오랜 세월 밀림 속에서 화산재에 덮여 있었기 때문에 발굴이 쉽지 않았고, 붕괴될 위험도 있었지. 1970년대부터 유네스코가 해체와 복원에 힘써 현재의 모습을 드러내게 된 거야.

맨 아래 단에서 5단까지는 피라미드처럼 위로 올라갈수록 크기가 조금씩 작아져. 단의 벽면에는 석가모니의 일대기, 자연의 모습, 평범한 사람의 삶 등 수많은 조각이 새겨져 있어. 그 위에 3단의 원형 받침돌이 있고, 받침돌 위에 '스투파'라고 하는 종 모양의 탑이 72개 세워져 있어. 스투파 안에는 조금씩 다른 불상이 있고, 맨 꼭대기 가운데에는 커다란 스투파가 하나 있어.

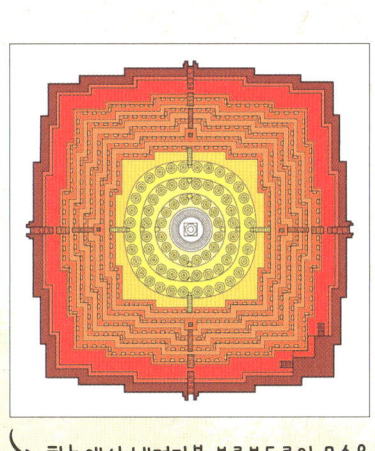
하늘에서 내려다본 보로부두르의 모습은 만다라 형태지.

스투파는 부처님이나 업적이 뛰어난 스님들의 유골을 보관하는 곳으로, 우리나라 절에 있는 탑과 비슷한 거야.

크메르 왕조의 역사를 간직한 힌두교 사원
# 앙코르 유적지

**국가** 캄보디아
**위치** 씨엠리아프
**제작 시기** 9~15세기
**등재 연도** 1992년
**관련 인물** 수리야바르만 2세

> 앙코르 유적지 중 가장 널리 알려진 앙코르 와트는 수리야바르만 2세가 12세기에 건설한 힌두교 사원이야. 앙코르 와트에 들어가려면 앙코르 와트를 둘러싼 넓고 긴 인공 호수(해자)를 통과해야 해.

캄보디아 앙코르 유적지는 600년 넘게 이어진 크메르 왕조의 역사를 엿볼 수 있는 곳이야. 크메르 왕조가 1431년에 타이의 침략을 받고 멸망하면서 앙코르 유적지는 밀림 속에 묻혀 있다가 19세기 말에 프랑스 학자들에게 발견되었지.

앙코르 유적지 가운데 가장 규모가 큰 곳은 '큰 도시'란 뜻의 앙코르 톰이야. 앙코르 톰의 중심에 바이욘 사원이 있어.

앙코르 유적지 중 가장 널리 알려진 앙코르 와트는 12세기에 수리야바르만 2세가 건설한 힌두교 사원이야. 힌두교는 고대 인도에서 생긴 종교로, 여러 신을 믿어. 태양신이자 수호신인 비슈누 신에게 바치기 위해 지었다고도 하고, 수리야바르만 2세의 무덤이라고 추측하는 사람도 있어.

직사각형 모양의 앙코르 와트를 인공 호수(해자)가 둘러싸고 있어. 앙코르 와트 벽에 새겨진 정교한 조각에는 수리야바르만 2세가 행진하는 모습과 전투 장면, 힌두교 신화와 인도 서사시에 등장하는 내용, 백성들의 삶이 생생하게 표현되어 있어.

앙코르 유적지를 복원하기 위해 프랑스, 미국, 인도, 일본, 독일 등 여러 나라가 힘을 모으고 있어. 우리나라도 2015년부터 복원에 참가하고 있단다.

인도를 대표하는 이슬람 건축물
# 타지마할

★
**국가** 인도
**위치** 아그라 남쪽 자무나강가
**제작 시기** 1631년~1648년
**등재 연도** 1983년
**관련 인물** 샤자한

인도 무굴 제국의 황제였던 샤자한이 사랑했던 왕비 뭄타즈 마할의 죽음을 슬퍼하며 지은 게 타지마할이야. 타지마할의 아름다운 모습에 많은 사람이 넋을 잃게 돼.

타지마할은 아름다운 궁전처럼 보이지만 사실 무덤이야. 인도 무굴 제국의 황제였던 샤자한이 사랑했던 왕비 뭄타즈 마할의 죽음을 슬퍼하며 지은 것이지.

샤자한은 타지마할을 짓기 위해 이탈리아, 프랑스, 이란에서 건축가와 기술자를 불러오고, 2만 명을 동원해 22년간 지었다고 해. 순백의 최고급 대리석을 이용해 건물 전체를 만들고, 보석으로 장식을 했지. 그렇게 해서 동서남북 어느 방향에서 보아도 대칭을 이루어 완벽한 조형미를 갖춘 건축물이 완성됐어.

하지만 타지마할이 완공되고 10년 뒤에 샤자한에게 비극적인 일이 일어났어. 막내아들 아우랑제브가 반란을 일으켜 샤자한의 왕위를 빼앗고 아그라 요새의 탑에 가뒀거든. 그나마 다행인 것은 탑에서 타지마할을 볼 수 있었대. 죽은 뒤에는 타지마할의 뭄타즈 마할 옆에 묻힐 수 있었지.

최근 타지마할은 자동차와 주변 공장에서 내뿜는 오염 물질 때문에 위기를 맞고 있어. 순백의 아름다움을 뽐내던 대리석의 색이 오염 물질 때문에 변하고 있대.

타지마할의 안과 밖은 우아한 꽃과 코란(이슬람교 경전)의 구절, 독특한 문양의 조각, 반복적인 문양으로 장식되어 있어.

바위산에 만들어진 불교 미술의 걸작

# 아잔타 석굴

인도 아잔타에는 돌산에 굴을 파서 그 안에 불상, 그림, 조각 등을 만들어 놓은 석굴이 있어. 굴은 모두 서른 개가 넘어.

**국가** 인도
**위치** 마하라슈트라주 북동부 아잔타
**제작 시기** 기원전 2세기~1세기, 5세기~6세기
**등재 연도** 1983년

 인도 아잔타에는 돌로 이루어진 산을 파내 만든 서른 개가 넘는 굴이 있어. 각 굴속에는 부처를 모시는 불당(차이트야)과 스님들이 지내는 방(비하라)이 만들어져 있지. 좁은 입구를 지나 굴속으로 들어가면 불상, 바위벽에 그려진 그림, 조각(부조)을 볼 수 있는데, 불교 미술의 아름다움을 느낄 수 있단다. 학자들은 석굴 하나를 만드는 데 약 30년이 걸렸을 거라고 추정해.

 3세기와 4세기에 이 지역이 중요한 무역로의 일부가 되면서 많은 상인, 숙련공, 순례자가 왔을 거야. 그리고 이곳을 통해 불교가 다른 대륙으로 전파되어 다른 나라의 불교 예술에 영향을 미쳤지.

석굴은 편의를 위해 동쪽부터 서쪽으로 번호가 매겨져 있어. 26번 석굴에 있는 누운 부처 조각상이 특히 유명하고, 17번 석굴의 벽면에 그려진 부처와 선녀, 천상의 악사 벽화도 유명해.

7세기 이후에 불교가 쇠퇴하면서 아잔타 석굴은 밀림 속에 묻혀 있었어. 1819년에 호랑이를 사냥하던 영국 동인도 회사의 군사에게 발견되어 알려졌지.

↘ 17번 석굴에 그려진 그림이야. 2000년이 넘는 세월이 흘렀지만 화려한 색이 잘 보존되어 있어.

## 페르시아 제국의 영광을 보여 주는
# 페르세폴리스

**국가** 이란
**위치** 파르스
**제작 시기** 기원전 518년~기원전 5세기
**등재 연도** 1979년
**관련 인물** 다리우스 1세, 크세르크세스 1세

> 페르세폴리스는 페르시아 제국의 다리우스 1세가 만든 도시야. 페르세폴리스를 보면 페르시아 사람들이 얼마나 뛰어난 건축술과 예술성을 갖고 있었는지 알 수 있어.

페르세폴리스는 이란의 수도 테헤란에서 남쪽으로 650킬로미터 정도 떨어진 파르스에 있어. 페르세폴리스는 그리스어로 '페르시아의 도시'라는 뜻이야. 페르시아라는 나라 이름은 페르세폴리스가 있는 파르스 지방에서 유래했지.

페르시아는 기원전 6세기에 인도에서 에게해와 아프리카까지 영토를 확장한 커다란 제국이었어. 발달한 큰 도시가 여럿 있었는데, 페르세폴리스도 그중 하나였지. 그런데 페르세폴리스는 사람들이 생활하던 도시라기보다 국가의 중요한 행사를 치르거나 보물, 기록물을 보관하던 곳이라고 할 수 있어.

페르시아의 왕 다리우스 1세는 불규칙하고 바위투성이인 산을 잘라내 가로 530미터, 세로 330미터의 거대한 기단을 만들고, 그 위에 도시를 세웠지. 그는 도시가 완성되기 전에 죽었지만, 그의 아들 크세르크세스 1세와 손자 아르타크세르크세스 1세가 뒤를 이어 완성했어.

다리우스 1세의 궁전인 타차라 궁, 크세르크세스 1세의 궁전인 하디쉬, 각국에서 온 사절단을 맞이하던 공간인 아파다나, 그리고 궁의 정문인 만국의 문이 페르세폴리스를 대표하는 곳이야.

페르세폴리스 입구에는 사람 얼굴을 하고 날개를 단 커다란 황소 두 쌍이 각각 동쪽과 서쪽을 향해 있고, 그사이에 네 개의 기둥이 세워져 있어. 페르세폴리스의 조각들은 웅장하고 세련된 아름다움을 보여 주지.

계획에 따라 건설된 세련된 도시 문명
# 모헨조다로 고고 유적

**국가** 파키스탄
**위치** 신드 지방 인더스강 동쪽 연안 라르카나 지구
**제작 시기** 기원전 2500년경~기원전 1500년경
**등재 연도** 1980년

> 모헨조다로는 '죽은 자들의 흙무덤'이라는 뜻인데, 인더스 문명을 대표하는 유적이야. 인류 최초 공중목욕탕이라고 부를 수 있는 대형 목욕탕이 있는 곳으로도 유명하지.

모헨조다로는 인더스 문명을 대표하는 유적이야. 인더스 문명은 세계 4대 문명(메소포타미아 문명, 나일 문명, 황허 문명, 인더스 문명)의 하나인데, 다른 문명과 달리 절대 권력을 상징하는 건축물이 없다는 게 독특한 점이지.

1922년부터 유적을 발굴하기 시작했는데, 아직껏 전체 유적의 10퍼센트 정도밖에 발굴되지 않은 상태야. 1965년에 지하수가 흘러나오면서 발굴 조사가 중단되었거든. 유적 전체가 발굴되진 않았지만 지금까지 발굴된 걸 보면, 모헨조다로는 정밀한 계획을 세워 만들어진 도시라는 걸 알 수 있어.

크게 서쪽의 성곽 요새 지구와 동쪽의 시가 지구 두 구역으로 나눠져. 성곽 요새 지구에는 회의장, 대형 목욕탕, 곡물 창고로 보이는 것들이 있고, 시가 지구에는 불에 구운 벽돌을 쌓아 만든 집들이 포장된 길을 따라 줄지어 있어. 집의 구조와 크기가 비슷한 걸 보면 빈부 격차가 심하지 않았던 것 같아.

이렇게 발전된 문명이 왜 멸망했는지, 어떻게 도시 계획을 세우고 통치했는지는 아직도 풀리지 않는 수수께끼야. 인더스 그림 문자가 해독되면 그 비밀을 알 수 있지 않을까?

모헨조다로의 대형 목욕탕은 인류 최초의 공중목욕탕이라고 할 수 있어.

실크로드의 교역지로 문화와 학문이 번성한

# 사마르칸트 – 문화 교차로

**국가** 우즈베키스탄
**위치** 사마르칸트
**제작 시기** 기원전 7세기
**등재 연도** 2001년
**관련 인물** 티무르 왕

실크로드(비단길)의 교역지로 번창해 옛날부터 '동방의 낙원', '중앙아시아의 로마', '황금의 도시'로 불리며 경제적으로 번영을 이룬 도시야.

사마르칸트는 고대 그리스 시대, 중국 남북조 시대부터 알려진 중앙아시아의 가장 오래된 도시야. '금을 캔다'라는 뜻의 '사마르카나바'에서 이름이 유래했어.

1220년에 칭기즈 칸에게 정복당하기 전까지 실크로드(비단길)의 교역지로 번창했지. 14세기에는 티무르 왕조의 수도였고, 1868년에 러시아의 땅이 되었다가 1990년에 우즈베키스탄이 독립하면서 우즈베키스탄의 도시가 되었어.

아무다리야강과 시르다리야강이 도시를 가로질러 흘러 물이 풍부하고, 동양과 서양을 잇는 교역의 중심지였기 때문에 옛날부터 '동방의 낙원', '중앙아시아의 로마', '황금의 도시'로 불리며 경제적으로 번영을 이룬 도시였어. 그 때문에 주변의 다른 나라의 침략을 여러 차례 받기도 했지만, 문화와 학문의 중심지로 계속 발전했지. 특히 14세기부터 15세기에 이르는 티무르 제국 시대에 가장 큰 번영을 누렸어. 문화와 예술을 사랑했던 티무르 왕은 정복지에서 위대한 학자와 예술가들을 데려와 사마르칸트를 '동방의 진주'로 만들었어.

751년에는 중앙아시아에서 최초로 종이를 만드는 공장이 세워지고, 1420년에는 이슬람 최대 규모의 대학 마드라사가 세워졌어. 또 1429년에는 여러 천문 관측기구가 있는 울루그베그 천문대가 세워졌지. 티무르 왕이 왕비를 위해 지은 비비하눔 모스크도 빼놓을 수 없는 곳이야. 비비하눔 모스크의 동쪽에는 종교 지도자와 순교자, 왕족이 묻힌 무덤 유적지 샤히 진다가 있어.

육분의, 상한의, 해시계 등을 갖춘 울루그베그 천문대는 당시 세계에서 가장 시설이 좋은 천문대였어.

### 세 종교의 성지라 분쟁이 끊이지 않는
# 예루살렘 옛 시가지와 성곽

**국가** 요르단이 유네스코에 제안
**위치** 예루살렘
**제작 시기** 기원전 10세기 추정
**등재 연도** 1981년(1982년 위험에 처한 세계유산 등재)
**관련 인물** 아브라함, 마호메트

성벽으로 둘러싸인 원래의 예루살렘 지역은 기독교와 이슬람교의 성지야. 통곡의 벽을 중심으로 각기 다른 종교 집단이 경계를 이루고 있어 다툼이 끊이지 않지.

유대교, 기독교, 이슬람교 세 가지 종교가 모두 자기 종교의 성지라고 주장하는 곳이 바로 예루살렘이야. 그래서 옛날부터 종교 분쟁이 끊이지 않는 곳이지. 예루살렘 옛 시가지는 예루살렘의 동쪽, 한 변의 길이가 1킬로미터쯤 되는 성벽으로 둘러싸인, 총 면적이 1제곱킬로미터에 불과한 지역이야. 그런데 이곳을 네 구역으로 나누어 유대인, 아르메니아인, 이슬람교인, 기독교인이 살고 있단다.

옛 시가지에서 가장 눈길을 끄는 건축물은 7세기에 지어진 '바위의 돔'이라고도 불리는 바위 사원이야. 이슬람교의 3대 성지 중 하나지. 황금빛 돔의 이 사원에는 아브라함이 아들 이삭 대신 양을 바칠 때 썼다는 바위이자, 예언자 마호메트가 승천할 때 밟았다는 성스러운 바위가 있어.

성벽 안 유대인 거주 지역에는 '통곡의 벽'이 있어. 70년에 로마군이 예루살렘 성전을 불태울 때 유일하게 남은 벽으로, 유대인들은 이 벽에 머리를 대고 통곡하며 기도를 올린다고 해.

통곡의 벽이라 불리는 서쪽 성벽은 유대교에서 가장 거룩하게 여기는 기도의 장소지.

이처럼 예루살렘은 서로 다른 여러 종교 집단이 경계를 이루며 살고 있는 복잡한 곳이면서, 220개가 넘는 역사적 기념물이 남아 있어 역사적으로 아주 중요한 곳이지. 하지만 '평화의 도시'라는 이름에 어울리지 않게 전쟁과 다툼이 반복되어 평화와 거리가 먼 곳이기도 해.

이 지역을 관장하는 나라는 이스라엘이지만 세계 문화유산 신청은 요르단이 했기 때문에 유네스코가 세계 문화유산으로 지정하면서도 나라 이름을 정하지 못했어.

성묘 교회는 예수가 십자가에 못박힌 후 묻혔다 부활한 무덤에 세워진 교회로, 기독교의 중요한 성지야.

# 다양한 종교와 문화가 함께하는
# 이스탄불 역사 지구

**국가** 튀르키예
**위치** 이스탄불
**제작 시기** 4세기~19세기
**등재 연도** 1985년
**관련 인물** 콘스탄티누스 1세

이스탄불은 보스포루스 해협을 사이에 두고 아시아와 유럽 두 대륙에 걸쳐 있어, 동서양을 연결하는 곳이라 자연스럽게 다양한 문화가 남아 있어.

비잔티움, 콘스탄티노플은 모두 이스탄불의 다른 이름이야. 이스탄불은 2000년 넘게 비잔티움 제국(동로마 제국)과 오스만 제국의 중심지였기 때문에 도시 전체가 소중한 유적이라고 할 만하지.

이스탄불은 아시아와 유럽의 중간에 위치해 동서양을 연결하는 곳이었어. 그러다 보니 자연스럽게 다양한 역사와 문화가 남아 있지. 또 이곳을 중심으로 초기 기독교, 그리스 정교, 이슬람교가 번성했기 때문에 다양한 종교 문화를 엿볼 수 있어.

이스탄불 역사 지구는 크게 네 부분으로 나누어져. 반도의 끝에 있는 고고학 공원, 술레이마니예 모스크 복합 단지와 바자(시장)가 있는 술레이마니예 지구, 제이레크 모스크가 있는 제이레크 지구, 테오도시우스 성벽 양쪽을 따라 펼쳐진 성벽 지구야.

수많은 유적 중에서 이스탄불을 상징하는 유적을 하나 꼽자면, 낮은 언덕에 있는 아야 소피아 성당이지. '신성한 지혜'라는 뜻의 이 건축물은 360년에 완성되었는데, 크리스트교의 교회로 사용되다가 마호메트 2세가 도시를 점령하면서 이슬람교 사원인 모스크로 썼고, 지금은 박물관으로 쓰고 있어. 크리스트교를 상징하는 모자이크와 이슬람교의 코란을 모두 볼 수 있어 독특한 분위기를 자아내지.

아야 소피아 성당의 모습이야. 미나레트라고 하는 둘레의 첨탑은 이슬람교 사원으로 개조되면서 만들어진 거야.

아야 소피아 성당 가까운 곳에 술탄 아흐메트 모스크가 있어. 술탄 아흐메트 모스크는 세계 3대 모스크 가운데 하나이면서 사원 내부가 파란색 타일로 장식되어 있어서 '블루 모스크'라는 별칭으로 알려져 있어.

## 청동기 시대부터 로마 시대까지 층층이 쌓인
# 트로이 고고 유적지

**국가** 튀르키예
**위치** 차나칼레
**제작 시기** 기원전 4000년
**등재 연도** 1998년
**관련 인물** 하인리히 슐리만

> 트로이는 청동기, 철기 시대의 흔적을 찾을 수 있는 고대 도시야. 〈일리아스〉 서사시에 나온, 그리스 연합군이 커다란 목마를 만들어 트로이를 함락시킨 이야기가 실제로 존재했다는 걸 증명해.

서쪽으로는 그리스, 남쪽으로는 이집트를 마주하고, 동쪽으로는 메소포타미아 지역으로 연결된 곳에 고대 도시 트로이가 있었어. 기원전 4000년부터 사람이 살았고 청동기와 철기 문화가 발달한 곳이었지.

이곳을 배경으로 고대 그리스의 시인 호메로스는 서양 문학의 출발이라는 평가를 받는 〈일리아스〉라는 서사시를 남겼어. 서사시에는 기원전 1260년에 일어난 그리스 연합군과 트로이의 전쟁에서 그리스 연합군이 커다란 목마를 만들어 트로이를 함락시켰다는 이야기가 나와.

독일의 고고학자 하인리히 슐리만은 〈일리아스〉를 읽고 트로이를 발굴하겠다는 생각으로, 1871년부터 이곳을 발굴하고 연구했지. 그리고 수천 년 전에 만들어졌다고는 믿기지 않을 만큼 정교하고 화려한 액세서리와 항아리 등을 발굴했어. 신화와 전설로만 생각했던 내용이 실제로 존재한다는 사실을 밝힌 거야.

트로이 고고 유적지에 가면 신화 속 목마를 재현해 만든 트로이 목마를 볼 수 있어. 하지만 그곳에서 발굴된 유물은 대부분 독일, 러시아, 영국, 프랑스의 박물관과 이스탄불 고고학 박물관에 가야 볼 수 있단다.

트로이 고고 유적지는 지진, 전쟁 등을 겪으며 폐허가 되었다가 다시 새로운 도시가 세워지는 과정을 여러 번 겪으며 만들어졌어. 방문객이 확인할 수 있도록 각기 다른 시대의 지층을 표시해 놓아.

하인리히 슐리만은 트로이의 중요한 유물을 빼돌리기도 했고, 철저한 조사 없이 발굴을 시작해 유적지를 파손하기도 해서 비난을 받았지.

### 높은 곳에 위치한 신성한 도시
# 아테네의 아크로폴리스

**국가** 그리스
**위치** 아테네
**제작 시기** 기원전 5세기 후반
**등재 연도** 1987년

> 그리스어로 '아크로폴리스'는 '도시의 위'라는 뜻으로 높은 곳을 이르는 말이야. 이름대로 아크로폴리스는 아테네가 한눈에 내려다보이는 언덕에 자리 잡고 있지.

그리스어로 '아크로폴리스'는 '도시의 위'라는 뜻의 높은 곳을 이르는 낱말이지만, 지금은 고대 그리스 폴리스(도시 국가) 중 하나였던 아테네의 아크로폴리스를 이르는 고유한 이름으로 쓰여. 이름대로 아크로폴리스는 아테네 시내가 한눈에 내려다보이는 바위 언덕에 있어. 신을 모시고 제사를 지내는 신전이 지어지면서 자연스럽게 신성한 장소가 되었단다.

　서양 문명의 뿌리가 되는 고대 그리스의 신화, 정치, 문화가 이곳에서 태어났다고 할 수 있어. 또 서양의 건축에도 큰 영향을 미쳤지.

　아크로폴리스에서 가장 중심이 되는 건물은 파르테논 신전이야. 높이가 13미터에 이르는 지혜의 여신 아테나의 조각을 놓기 위해 최고 실력의 건축가와 조각가들이 만든 신전이거든. 하지만 1687년에 오스만 튀르크 제국과 베네치아 사이에 벌어진 전쟁 때 신전을 덮고 있던 지붕과 실내가 사라지고 바닥과 기둥, 지붕 일부만 남은 지금의 모습이 되었어.

　아크로폴리스에는 파르테논 신전 말고도 에레크테이온 신전, 니케 신전이 있고, 아크로폴리스의 입구인 프로필라이온도 볼 수 있어.

신을 모시는 숭배의 중심지
# 올림피아 고고 유적

**국가** 그리스
**위치** 펠로폰네소스 반도 서쪽 일리아
**제작 시기** 기원전 10세기
**등재 연도** 1989년

> 올림피아는 기원전 10세기부터 신을 모시는 특별한 장소였어. 특히 제우스 신에게 바치는 행사였던 올림픽의 발상지라 올림픽 성화도 여기서 채화돼.

64

'올림피아'라는 이름은 숲이 우거진 이곳의 계곡을 일컫는 말에서 유래했어. 올림피아는 선사 시대부터 사람들이 살던 곳이야. 그러다 기원전 10세기인 철기 시대부터는 신을 모시는 특별한 장소가 되었어. 특히 고대 그리스인들에게 최고의 신이었던 제우스를 숭배하는 곳이었지.

고대 그리스인의 믿음을 엿볼 수 있는 제우스 신전, 헤라 신전, 펠롭스 신전이 올림피아의 대표적인 건축물이야. 신들에게 제물을 바쳤던 제단도 남아 있어.

기원전 776년부터 4세기 말까지는 4년에 한 번씩 제우스 신에게 바치는 큰 종교 행사가 열렸는데, 이것이 오늘날의 올림픽으로 발전한 거야. 올림피아의 동쪽에 경기장이 있었고, 서쪽에 연습장과 숙박을 하던 곳이 있던 것으로 보여.

올림피아는 사람들의 파괴와 자연재해로 대부분의 건축물이 파괴된 채 조각과 흔적만 남아서. 19세기 말부터 본격적인 발굴 작업이 이루어졌는데, 지금도 새로운 유물과 조각상이 계속 발견되고 있어 발굴과 연구를 멈출 수 없는 곳이란다.

올림픽 성화가 채화되는 헤라 신전이야. 이곳에서 채화한 횃불을 올림픽 개최지로 옮긴 후 주경기장에 점화하지.

'팔라이스트라'라고 부르는 고대 그리스의 운동 연습장 유적이야. 이곳에서는 레슬링이나 권투 같은 운동을 했다고 전해져.

고대 로마인의 뛰어난 건축 기술을 보여 주는
# 로마 역사 지구

**국가** 이탈리아, 바티칸 시국
**위치** 로마 지역, 바티칸 시국
**제작 시기** 기원전 753년
**등재 연도** 1980년(1990년 확장)

> 넓은 영토를 차지하여 주변 나라에 많은 영향을 미친 고대 로마 제국의 정치와 문화를 엿볼 수 있는 유적이야.

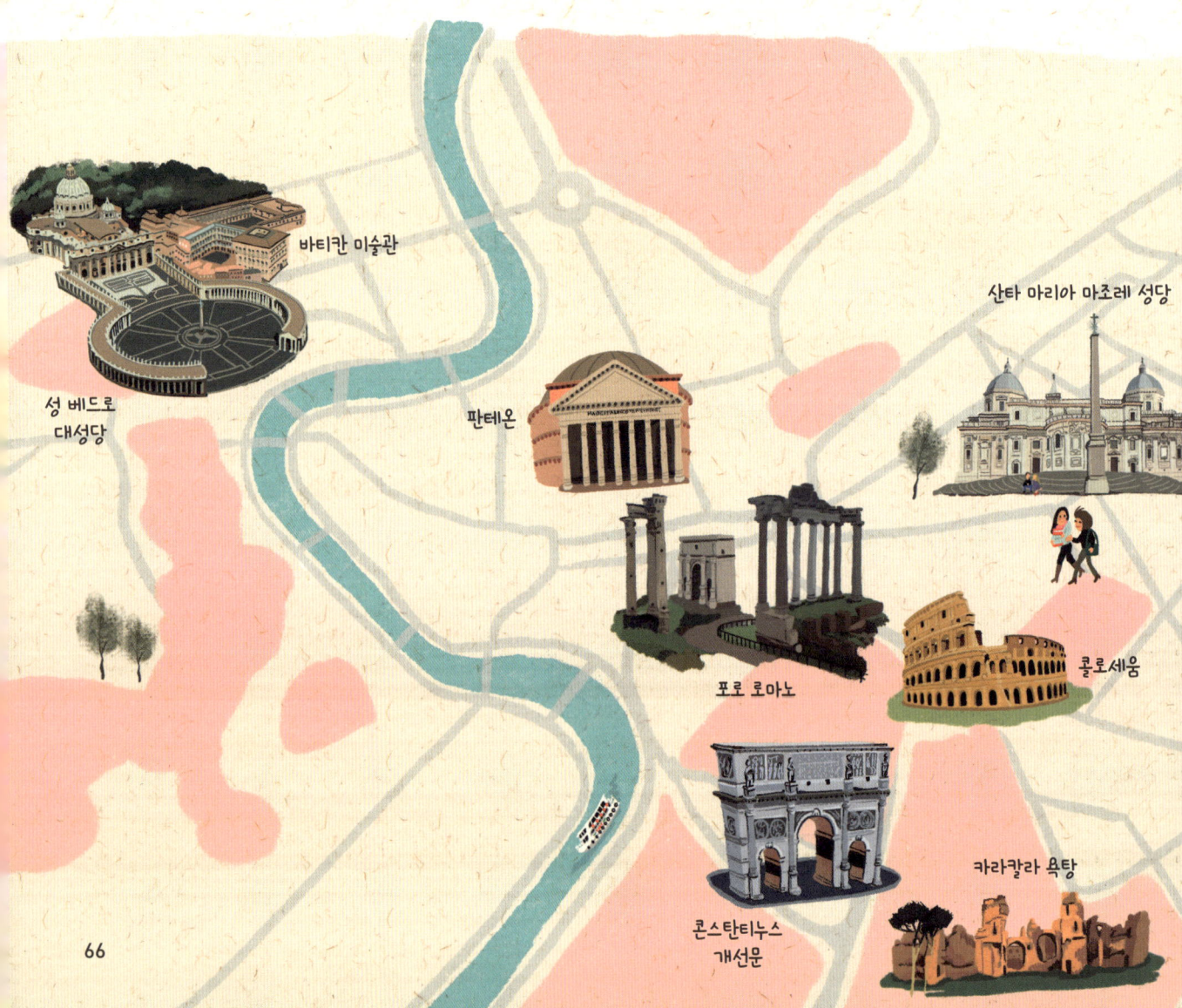

세계사에서 고대의 역사를 이야기할 때 빼놓을 수 없는 곳 중의 하나가 바로 로마 제국이야. 유럽과 페르시아, 이집트까지 지배하면서 고대에 가장 크고 막강했던 나라였기 때문이지. 기원전 753년에 건설된 로마 제국의 수도 로마는 지중해 문화의 중심 도시였고, 4세기에는 기독교 세계의 중심지였어.

로마 제국의 정치와 문화를 엿볼 수 있는 건축물이 로마 역사 지구에 남아 있어. 로마인의 광장이었던 포로 로마노, 원형 경기장인 콜로세움, 로마의 건축 기술을 보여 주는 판테온, 콘스탄티누스 개선문,

콜로세움은 검투사들의 시합이나 맹수와 검투사의 대결이 이루어진 곳이야. 약 5만 명을 수용할 수 있었고, 신분에 따라 앉는 곳이 구별되어 있었어.

카라칼라 욕탕, 산타 마리아 마조레 성당 등이 자리 잡고 있어.

1990년에는 이탈리아에 있지만 이탈리아 법의 적용을 받지 않는 바티칸 시국의 문화유산까지 확장해 세계 문화유산으로 지정되었어.

그런데 2500년이 넘는 세월을 견딘 로마의 문화유산이 최근 수십 년 사이의 도시화와 환경 오염 때문에 훼손될 위기에 처했다니 안타까워. 문화유산을 지키기 위한 사람들의 노력이 필요한 때야.

고대 로마 제국의 정치와 경제의 중심이었던 포로 로마노야.

고딕 양식과 르네상스 양식이 섞인
# 산타 마리아 교회, 도미니크 수도원

**국가** 이탈리아
**위치** 롬바르디아주 밀라노
**제작 시기** 1463년~1492년
**등재 연도** 1980년
**관련 인물** 레오나르도 다빈치

산타 마리아 교회는 '산타 마리아 델레 그라치에 성당'이라고도 불러. 교회를 넓히면서 도미니크 수도원이 만들어졌고, 수도원 식당에 레오나르도 다빈치의 작품 〈최후의 만찬〉이 그려져 있어.

1463년 밀라노의 프란체스코 스포르차 공작은 자신의 토지 일부를 도미니크 수도회에 기증했어. 이후 교회와 수도원이 건축되었고, 1492년에 건물을 넓히고 다시 지었지. 이 과정을 거치며 산타 마리아 교회는 깔끔하고 세련된 고딕 양식(높고 뾰족하고 직선적인 12-13세기 중세 서유럽 미술 양식)과 천장의 둥근 돔 구조의 르네상스 양식(대칭, 비례, 조화를 중요시하는 15-16세기의 유럽 미술 양식)이 섞인 독특한 건축물이 되었어. 이때 레오나르도 다빈치의 작품 〈최후의 만찬〉이 그려진 식당 건물도 다시 지어졌어.

〈최후의 만찬〉은 가로 8.8미터, 세로 4.6미터 규모로 성경에 기록된 한 장면을 그린 그림이야. '너희 중에 한 사람이 나를 배반할 것이다.'라는 예수의 말을 들은 열두 제자의 반응을 그린 그림이지. 레오나르도 다빈치는 1495년부터 1497년까지 이 작품을 그렸는데, 전통적인 기법 대신 새로운 기법을 시도했어. 그 결과 다른 작품보다 내구도가 떨어져서 손상이 심했지만, 자신만의 독창적인 방법을 시도했다는 점에서 높은 평가를 받고 있어.

〈최후의 만찬〉을 직접 보려면 미리 예약을 해야 하고, 관람 시간은 15분으로 제한되어 있어.

르네상스 예술의 중심지
# 피렌체 역사 지구

**국가** 이탈리아
**위치** 토스카나주 피렌체
**제작 시기** 14세기~17세기
**등재 연도** 1982년
**관련 인물** 라파엘로, 미켈란젤로, 레오나르드 다빈치, 보티첼리 등

> 피렌체는 이탈리아어로 '꽃'이라는 의미로, 피렌체를 '꽃의 도시'라고 부르기도 해. 말 그대로 르네상스 시대에 예술과 문화가 꽃피었던 도시지.

피렌체 역사 지구는 넓지 않지만 도시 곳곳에 아름다운 문화유산이 남아 있어. 피렌체에서 예술과 문화가 꽃피울 수 있었던 이유는 피렌체를 중심으로 성장한 메디치 가문이 있었기 때문이야.

메디치 가문은 르네상스(14~16세기, 도시의 발달과 상업 자본의 형성을 바탕으로 개성·합리성·현세적 욕구를 추구하며, 이탈리아를 중심으로 유럽 여러 나라에서 일어난 인간성 해방을 위한 문화 혁신 운동) 시대에 금융업으로 돈을 벌어 정치적으로 상당한 영향력을 미쳤는데, 이들이 수많은 예술가의 후원자가 되었어. 덕분에 라파엘로, 미켈란젤로, 레오나르도 다빈치, 보티첼리, 단테 등 이름난 예술가들이 피렌체에서 활동하며 훌륭한 작품을 남길 수 있었어. 그래서 피렌체를 '르네상스 예술의 중심지'라고 해.

피렌체 중심에는 피렌체의 상징이라고 할 수 있는 산타 마리아 델 피오레 성당이 있어. 또 피렌체 정치의 중심지였던 시뇨리아 광장이 있고, 그 옆에는 현재 시청으로 쓰이는 베키오 궁전이 있어. 메디치 가문의 저택이었던 메디치 궁전, 이탈리아 최고의 미술관으로 꼽히는 우피치 미술관도 있지.

특히 우피치 미술관에는 보티첼리의 <비너스의 탄생>, 미켈란젤로의 <성가족>, 레오나르도 다빈치의 <수태고지>, 우르비노의 <비너스> 등 걸작으로 손꼽히는 작품들이 소장되어 있어.

↳ 산타 마리아 델 피오레 성당은 '꽃의 성모 마리아 성당'이라는 뜻이고, 흔히 '피렌체 성당'이라고 불러.

↳ 아르노강이 앞에서 보이는 우피치 미술관 두 건물 사이 좁은 뜰의 모습이야.

석호 위에 지어진 물의 도시
# 베네치아와 석호

**국가** 이탈리아
**위치** 베네토주 베네치아
**제작 시기** 5세기
**등재 연도** 1987년

이탈리아어 '베네치아'는 영어로는 '베니스'야. 베네치아는 얕은 호수인 석호 위에 인공적으로 만든 도시로, 도시 전체에 수로가 뚫려 있어 배를 타고 다녀.

석호는 모래섬 같은 장애물 때문에 바다에서 분리되어 만들어진 얕은 호수를 말해. 베네치아는 이 석호의 진흙 바닥에 나무 기둥을 꽂고 석회암과 대리석을 얹어 만든 도시야. 석호 위에 흩어져 있는 118개의 섬이 약 400개의 다리로 이어져 있단다. 차가 없고 작은 배인 곤돌라를 타고 이동하지.

베네치아는 아름답긴 하지만 진흙 위에 지어졌기 때문에 기반이 약해. 그래서 매년 조금씩 가라앉고 있어. 최근에는 석호의 오염도 심해져 문제야.

맨 처음 석호에 도시를 만든 건 다른 민족의 침략을 피하기 위해서였어. 베네치아는 지리적 이점을 활용하여 10세기부터는 중요한 해상 도시로 발전했어. 그러다 15세기에 신대륙을 발견하면서 쇠퇴했지.

베네치아의 건축물들은 르네상스 양식과 비잔틴 양식이 조화를 이루고 있어. 나폴레옹이 '세계에서 가장 아름다운 공간'이라고 극찬한 산마르코 광장과 산마르코 대성당이 있고, 두칼레 궁전과 산타 마리아 글로리오사 데이 프라리 성당이 있어.

↘ 베네치아는 바다에서 분리되어 만들어진 얕은 호수인 석호에 만든 도시야.

# 바티칸 시티

교황이 다스리는 독립된 주권 국가

**국가** 바티칸 시국
**위치** 바티칸 시국
**제작 시기** 4세기
**등재 연도** 1984년
**관련 인물** 콘스탄티누스 대제

바티칸 시티는 콘스탄티누스 대제가 크리스트교를 공인하면서 가톨릭의 중심지가 되었어. 이때 바티칸 시티에 있는 베드로의 무덤에 성 베드로 대성당을 지었지.

세계에서 가장 작은 나라는 어디일까?

바로 바티칸 시국이야. 바티칸 시국은 이탈리아의 로마 안에 있는 성스러운 곳이지. 인구는 1000명이 안 되고, 교황을 뽑을 때만 선거를 해. 소수의 스위스 근위병이 이곳을 지키고 있어.

바티칸 시티는 324년에 콘스탄티누스 대제가 크리스트교를 공인하면서 가톨릭의 중심지가 되었어. 이때 바티칸에 있는 베드로의 무덤 위에 성 베드로 대성당을 건설했고, 이후 바티칸 궁전을 비롯한 많은 건물이 주변에 들어섰지.

바티칸 시국과 이탈리아의 관계가 명확하게 정리된 것은 1929년에 이탈리아를 집권하던 무솔리니와 교황 비오 11세가 라테라노 조약을 체결하면서부터야. 이 조약으로 바티칸 시국은 교황청의 주권을 인정받는 독립국이 되었어.

바티칸 시국은 작지만 인류에게 미치는 영향력이 매우 큰 곳이야. 한가운데에 있는 성 베드로 대성당(산피에트로 대성당)은 세계에서 가장 큰 규모의 종교 건축물이지. 16세기에 재건되었는데, 라파엘로, 미켈란젤로를 비롯한 르네상스 시대의 가장 훌륭한 건축가들이 참여했어. 대성당 아래쪽에는 로마 제국의 황제였던 칼리굴라와 네로가 이용했던 원형 극장과 콘스탄티누스 대제가 처음 세웠다는 바실리카 유적도 있어.

↘ 바티칸 시국에 있는 바티칸 미술관에는 로마 가톨릭 교회가 오랫동안 수집한 예술품과, 예술가들이 바티칸에서 직접 작업한 작품들을 감상할 수 있어.

유럽 문화와 이슬람 문화가 조화를 이룬 곳
# 그라나다의 알람브라, 헤네랄리페, 알바이신

**국가** 에스파냐
**위치** 안달루시아 지방 그라나다
**제작 시기** 13세기~14세기
**등재 연도** 1984년(1994년 확장)

13세기 에스파냐 안달루시아 지방에 이슬람교도들이 그라나다 왕국을 세웠어. 이후 이곳에는 이슬람과 유럽의 문화가 조화를 이루었지.

에스파냐의 남부 안달루시아 지역은 13세기부터 15세기까지 이슬람교도들이 그라나다 왕국을 세웠던 곳이야. 그래서 유럽의 문화와 이슬람 문화가 공존하는 독특한 곳이지.

알람브라 궁전은 그라나다 지역을 한눈에 내려다볼 수 있는 해발 740미터의 높은 곳에 자리 잡고 있어. 알람브라는 아랍어로 '붉은색'이라는 뜻이야. 궁전의 주요 건물이나 성채를 붉은 벽돌로 지었기 때문에 붙은 이름이지. 원래는 군사적인 목적으로 건설되었다가 이슬람 왕실이 사는 궁전이 되었어.

알람브라 궁전은 나스르 궁전, 카를로스 5세 궁전, 별궁인 헤네랄리페 등으로 이루어져 있어. 각 건축물은 독특한 문양과 세련된 조각이 빛과 어우러져 절묘한 조화를 이루며 이슬람 예술의 아름다움을 느끼게 해.

알람브라 궁전 동쪽으로 멀지 않은 곳에 헤네랄리페가 있어. 왕의 여름 별장으로 이용되었던 헤네랄리페의 정원은 수로와 분수, 다양한 나무로 꾸며져 있어. 물과 나무가 어우러진 이슬람 조경의 특징을 잘 보여 주지.

알바이신은 알람브라 궁전과 가까운 언덕에 만들어진 주거 지역이야. 적의 침입을 막기 위해 꼬불꼬불한 여러 갈래의 좁은 돌길이 언덕 위에서부터 아래로 가파르게 뻗어 있어.

이전에 없던 새로운 건축 양식을 창조한

# 안토니오 가우디의 건축물

**국가** 에스파냐
**위치** 카탈루냐 바르셀로나 등지
**제작 시기** 19세기 말
**등재 연도** 1984년(2005년 확장)
**관련 인물** 안토니오 가우디

> 카사 밀라, 구엘 저택, 구엘 공원 등 유네스코 세계 문화유산으로 지정된 가우디의 건축물은 총 일곱 개야.

에스파냐 바르셀로나에 가면 개성 넘치는 창의력으로 천재 건축가라 불리는 안토니오 가우디의 건축물을 볼 수 있어.

유네스코는 1984년에 가우디의 건축물이 건축의 발전에 미친 영향과 예술적 가치를 인정해 카사 밀라, 구엘 저택, 구엘 공원을 세계 문화유산으로 지정했어. 그리고 2005년에 사그라다 파밀리아 성당의 탄생의 파사드와 지하 예배당, 카사 비센스, 콜로니아 구엘 지하 예배당, 카사 바트요도 추가로 지정했지.

안토니오 가우디는 자연과 어우러지는 건축물을 지으려고 했어.

가우디의 대표적인 건축물인 카사 밀라는 옆에서 보면 일렁이는 파도 같고, 정면에서 보면 깎아 놓은 암벽 같아. 다른 건축물과는 확연히 다른 모습 때문에 카사 밀라가 처음 지어졌을 때 사람들은 코웃음을 쳤어. 하지만 시간이 지나면서 이전의 건축 방식이나 재료에 얽매이지 않는 가우디만의 독창성을 인정하게 되었어. 겉모습만 독특한 것이 아니라 구조와 기능 역시 세심하게 고려해 설계했다는 걸 깨달았기 때문이야.

카사 밀라는 옆에서 보면 파도, 앞쪽에서 올려다보면 암벽처럼 보여.

사그라다 파밀리아 성당은 가우디 자신이 죽은 뒤에도 건축이 가능하도록 많은 도면과 모형을 남겼어. 가우디가 죽은 지 100년이 되는 2026년에 완공을 목표로 하고 있지.

구석기 시대 사람들의 예술성을 엿볼 수 있는

# 알타미라 동굴과 구석기 동굴 벽화

구석기 시대 사람들은 돌, 나무 열매, 진흙 등 자연에서 얻은 도구와 재료로 동굴 벽에 훌륭한 그림을 남겼어.

**국가** 에스파냐
**위치** 칸타브리아주 산티야나 델 마르
**제작 시기** 기원전 35,000년~11,000년
**등재 연도** 1985년(2008년 확장)

에스파냐 북부에 있는 알타미라 동굴은 1879년에 에스파냐의 변호사이자 고미술 수집가였던 사우투올라와 그의 딸 마리아가 발견했어. 하지만 처음에 사람들은 알타미라 동굴의 벽화가 구석기 시대의 벽화라고 믿지 못했지. 왜냐하면 벽화의 보존 상태가 완벽에 가까웠기 때문이야. 시간이 흘러 다른 여러 동굴 벽화가 발견되고 나서야 그 가치를 인정받게 되었어.

1985년에 알타미라 동굴이 유네스코 세계 문화유산으로 등재되었고, 2008년에 주변의 17개 구석기 시대 동굴 벽화가 추가로 등재되었어.

벽화는 동굴 안에 있었기 때문에 외부의 영향을 받지 않고 잘 보존되어 있었어. 동굴에 그려진 매머드, 들소, 사슴은 형태가 분명하고 살아 움직이는 것처럼 생동감이 느껴져. 또 다양한 색을 써서 입체적이고 사실적으로 표현했어. 다른 어떤 벽화보다 완성도가 있다고 할 수 있지. 이 벽화들을 통해 구석기 시대의 사람들이 얼마나 창조적이고 예술성이 뛰어났는지 알 수 있어.

구석기 시대 사람들은 아마도 동물을 벽화로 그려 두면 그 동물을 잡을 수 있다고 믿었던 것 같아. 구석기 시대 동굴 벽화는 당시 사람들의 생활과 생각을 엿볼 수 있는 귀중한 문화유산이야.

↳ 알타미라 동굴 벽화를 관람하려면 산틸라나 델 마르 언덕에 있는 알타미라 박물관을 찾아가야 해.

오스트레일리아와 시드니를 상징하는 종합 극장
# 시드니 오페라 하우스

**국가** 오스트레일리아
**위치** 뉴사우스웨일스주 시드니
**제작 시기** 1957년~1973년
**등재 연도** 2007년
**관련 인물** 예른 오베르 웃손

시드니의 오페라 하우스에서는 거의 매일 다양한 공연이 열려. 인상적인 조개껍데기 모양의 하얀 지붕은 특수 제작해서 때가 잘 타지 않지.

시드니 오페라 하우스의 건물 디자인을 맡은 사람은 덴마크 출신 건축가 예른 오베르 웃손이야. 국제 공모전에서 일 등으로 당선된 디자인이지. 예른 웃손은 조개껍데기 모양에서 영감을 받았다고 해. 오페라 하우스의 반짝이는 조개껍데기 모양의 하얀 지붕은 파란 바다와 어우러져 더 돋보여.

예른 오베르 웃손이 시드니 오페라 하우스를 디자인한 건축가야.

건축할 당시에는 비현실적인 디자인이라는 의견이 많았어. 실제로도 건설하는 데 오랜 시간이 걸린 데다, 예상보다 더 많은 비용이 들었다고 해. 하지만 지금은 이 독특한 디자인 덕분에 오스트레일리아를 상징하는 건축물이 되었지.

시드니 오페라 하우스는 콘서트홀, 오페라 극장, 드라마 극장, 스튜디오, 소극장 등으로 구성되어 있어. 거의 매일 공연이 열리고 세계 각국의 많은 여행객이 찾는 곳이야.

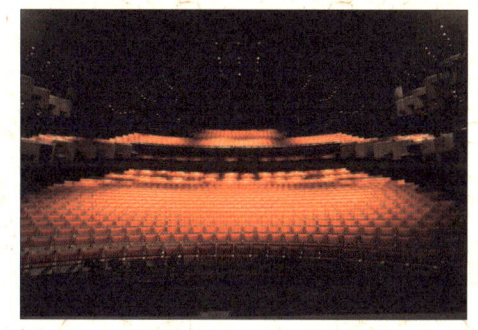
약 1500석 규모의 조안 서덜랜드 극장의 관객석 좀 볼래? 어때? 멋지지!

아름다우면서도 공학적인 설계 구조, 종합 극장으로써의 문화적 가치를 인정받아서 2007년에 유네스코 세계 문화유산으로 선정되었어. 20세기 최고의 건축물이라는 평가도 받고 있지.

오페라 하우스 콘서트홀이야. 대형 공연장답게 오페라, 뮤지컬, 콘서트 등의 다양한 공연을 하지.

바로크 양식을 대표하는 화려함
# 베르사유 궁전과 정원

베르사유 궁전은 프랑스의 왕 루이 14세부터 루이 16세까지 살던 곳으로, 유럽의 이상적인 궁전으로 손꼽혀.

**국가** 프랑스
**위치** 일드프랑스 지역 베르사유
**제작 시기** 1624년, 1661년~1710년
**등재 연도** 1979년(2007년 수정)
**관련 인물** 루이 14세

베르사유는 프랑스의 왕 루이 13세의 전용 사냥터와 별장이 있던 곳이었는데, 그의 아들 루이 14세가 화려한 궁전으로 만들었어. 루이 14세는 스스로 "짐은 곧 국가."라고 말할 정도로 막강한 권력을 휘두르던 왕이야. '태양왕'이라고 불릴 정도였지. 그는 자신의 권력을 과시하고 싶어서 베르사유 궁전을 크고 화려하게 지었어. 이후 사람들은 아름다운 베르사유 궁전을 유럽의 이상적인 궁전으로 손꼽았어.

바로크 양식(파격적이고 감각적이며 동적인 표현이 특징이고, 풍부한 장식의 건축 등이 유행한 르네상스 붕괴 이후 17~18세기의 유럽 예술 양식)을 대표하는 베르사유 궁전에는 하얀 대리석과 벽화, 황금으로 화려하게 꾸며진 왕실 예배당이 있어. 2층에는 황금색으로 꾸며진 오페라 극장과 루이 14세의 조각상이 있는 비너스의 방이 있고, 그 옆에는 공식 행사를 치를 때 쓰던 거울의 방이 있는데, 창문 건너편이 온통 거울로 장식되어 있지.

프랑스와의 전쟁에서 승리한 프로이센(지금의 독일) 국왕 빌헬름 1세는 거울의 방에서 1871년 1월 18일에 취임식을 하며 자신의 힘을 과시했어.

건물 밖으로 나가면 뒤편으로 정원이 넓게 펼쳐져 있어. 어찌나 넓은지 다 둘러보려면 하루가 걸릴 정도라고 해. 정원에는 뱃놀이를 즐길 수 있는 운하, 화려한 조각상과 분수 등이 있지.

베르사유 궁전은 프랑스 왕들이 얼마나 사치스럽고 호화로운 생활을 했는지 엿볼 수 있는 곳이야. 하지만 그런 절대 권력도 결국 프랑스 혁명으로 막을 내렸어.

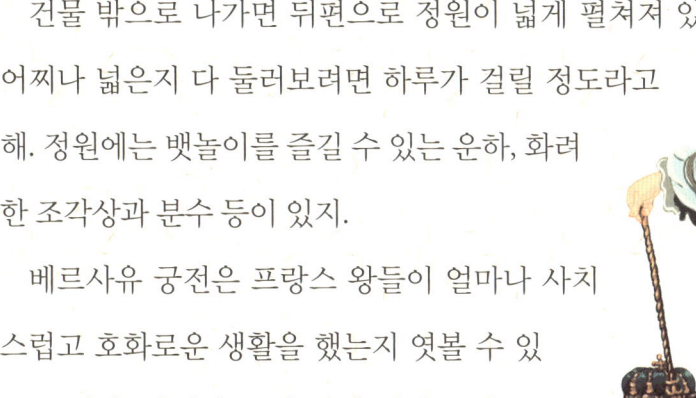

샤르트르 대성당이 지어진 터는 오랜 옛날부터 '기적의 샘'이라 불리며 영적인 곳으로 알려진 곳이야. 처음 성당이 들어선 것은 4세기 초였는데, 이후 세 번 불이 났고, 지금의 샤르트르 성당은 네 번째로 지어진 거야. 성당을 다시 지을 때 많은 프랑스 국민이 신분을 가리지 않고 자발적으로 참여해 더 의미 있는 성당이지.

샤르트르 대성당은 이전의 성당에서는 볼 수 없었던 높은 천장과 세련된 조각으로 꾸며졌어. 또 실내의 창문을 형형색색의 스테인드글라스로 꾸며 신비로운 분위기를 풍기지. 천장을 높게 만든 것은 조금이라도 더 하늘에 가까워지고 싶은 사람들의 마음을 표현한 거야. 스테인드글라스로 실내를 꾸민 것은 신이 머무는 공간을 화려하게 만들기 위해서였지. 그때까지 지어진 다른 건물에 비해 실내 디자인에도 신경을 많이 써 사람들에게 감동을 주었어.

샤르트르 대성당의 두 개의 큰 첨탑(뾰족한 탑)은 서로 다른 모습을 하고 있어. 왜 그런지 아니? 그건 두 탑이 건설된 시기가 다르기 때문이지. 조금 단순하게 생긴 남쪽의 '옛 탑'은 로마네스크 양식(반원 모양의 아치를 많이 쓴 11-12세기 중세 유럽 미술 양식)으로 대화재 전에 건설된 것이고, 다양한 모양으로 장식된 '새로운 탑'은 16세기에 벼락으로 부서진 것을 고딕 양식으로 만든 거야. 그래서 두 탑을 보면 로마네스크 양식과 고딕 양식의 차이를 한눈에 알 수 있어.

샤르트르 대성당은 성모 마리아가 예수를 낳을 때 입었던 옷이 보관되어 있는 곳으로도 유명해. 지금까지도 순례자들의 발길이 끊이지 않는 곳이지.

샤르트르 대성당의 스테인드글라스는 성경의 내용뿐만 아니라 목수와 방앗간 주인, 상인 같은 평범한 사람들의 생활 모습도 그려져 있어. 성당 건축에 자발적으로 참여한 시민들을 기리기 위해서래.

## 풀리지 않는 비밀을 간직한
# 스톤헨지와 에이브버리 거석 유적

**국가** 영국
**위치** 윌트셔 솔즈베리 평원, 에이브버리
**제작 시기** 기원전 3700년~기원전 1600년경
**등재 연도** 1986년(2008년 수정)

영국 솔즈베리 평원과 에이브버리에는 인공적으로 깎은 큰 돌들이 정밀한 구조로 배치된 선사 시대 유적이 있어. 누가, 어떻게, 왜 만들었는지는 몰라.

영국 솔즈베리 평원과 에이브버리에는 누가, 어떻게, 왜 만들었는지 밝혀지지 않은 선사 시대 유적이 있어. 인공적으로 깎은 아주 커다란 돌들이 정밀한 구조에 따라 계획적으로 배치되어 있지. 수십 톤에 달하는 이 커다란 돌을 어떻게 잘랐고, 멀리 떨어진 채석장에서 어떻게 운반해 왔을까?

스톤헨지는 지름 98미터, 폭 6미터, 깊이 1.4미터의 도랑에 둘러싸여 있는 원형 광장이야. 바깥쪽은 큰 원 모양, 안쪽은 U자 모양 삼석탑(돌 두 개를 세로로 세우고 돌 하나를 가로로 눕혀 올려놓은 형태) 5기가 늘어서 있고, 바깥쪽 돌기둥 사이에는 가로로 긴 돌을 덮개돌로 올렸어. 그리고 중심에는 제단으로 추정되는 돌이 놓여 있어.

사람들은 제단이 있으니 종교적인 의식을 하던 곳일 거라고 주장하기도 하고, 천체를 관측하는 곳이었을 거라고 추측하기도 해. 여러 주장이 나오고 많은 사람이 연구를 하고 있지만, 아직도 스톤헨지와 에이브버리 거석 유적에 대한 의문은 풀리지 않고 있어.

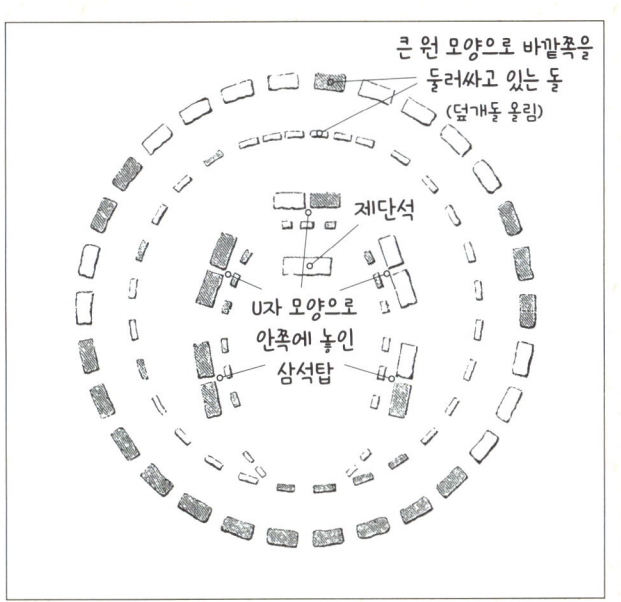

↳ 스톤헨지의 구조를 간단하게 표현하면 이 그림과 같아. 원형 모양으로 둘러싼 돌 한가운데에 가로로 길고 큰 제단석이 놓여 있지.

↳ 에이브버리에 있는 커다란 돌들이야. 이런 돌이 마을 곳곳에 있어.

영국 왕실과 의회 민주주의를 상징하는
# 웨스트민스터 궁전과 사원, 성 마거릿 성당

**국가** 영국
**위치** 런던 웨스트민스터
**제작 시기** 11세기~20세기
**등재 연도** 1987년(2008년 수정)

> 템스강을 바라보고 있는 웨스트민스터 지역은 민주주의를 상징하는 곳이자 영국 왕가의 전통을 간직한 곳이야. 웨스트민스터 궁전과 사원, 성 마거릿 성당은 영국의 역사와 정치를 엿볼 수 있는 건축물이지.

런던 아이 · 빅 밴 · 웨스트민스터 궁전 · 성 마거릿 성당

웨스트민스터 궁전은 11세기부터 약 450년 동안 영국의 왕실로 쓰였어. 16세기부터는 국회 심의실로 쓰였다가 현재는 국회 의사당으로 쓰이고 있어. 현재의 건물은 1834년에 일어난 화재 이후에 건축가 찰스 배리가 지었던 것을 복원한 거야. 제2차 세계 대전 때 또 한 번 불타는 아픔이 있었거든.

웨스트민스터 궁전의 남쪽에는 상원 회의장과 빅토리아 타워, 로열 갤러리 등이 있고, 북쪽으로 하원 회의장과 빅 벤(시계탑), 웨스트민스터 홀 등이 있어. 웨스트민스터 궁전 서쪽에는 웨스트민스터 사원이 있어. 1065년에 궁전에 속한 성당이 되면서 지금까지 국가의 중요한 행사가 열리는 곳이지. 영국 왕과 여왕의 대관식도 이곳에서 해. 웨스트민스터 궁전과 사원 사이에는 성 마거릿 성당이 있는데, 규모가 작고 소박하지만 오랜 세월 동안 한자리를 지킨 전통적인 고딕 건축물이라는 의미가 있어. 지금은 영국 하원 의원들이 이곳에서 예배를 봐.

웨스트민스터 궁전과 사원, 성 마거릿 성당은 영국에서 탄생하고 발전한 의회 민주주의의 역사를 보여 주는 매우 의미 있는 장소야.

잊지 말아야 할 인간의 잔혹한 역사
# 아우슈비츠 비르케나우 강제 수용소

**국가** 폴란드
**위치** 마워폴스카주 오시비엥침
**제작 시기** 1940년~1945년
**등재 연도** 1979년
**관련 인물** 아돌프 히틀러

> 제2차 세계 대전 때 유대인을 잔인하게 죽인 대표적인 장소가 바로 아우슈비츠 비르케나우 강제 수용소야.

'홀로코스트'라는 말을 들어본 적 있니? 제2차 세계 대전을 일으킨 독일의 나치와 히틀러가 인종 청소를 한다며 많은 유대인을 잔인하게 죽인 사건을 가리키는 말이야. 인간이 얼마나 잔혹하고 폭력적일 수 있는지 보여 준 사건이었지.

이 홀로코스트가 일어난 대표적인 장소가 바로 아우슈비츠 비르케나우 강제 수용소야. 유대인뿐만 아니라 나치에 반대한 정치인과 지식인, 예술가도 이곳에 강제로 수용되었지. 이곳에서 약 80만 명의 유대인이 고문을 당하고 죽음을 맞았어. 과도한 노동과 굶주림, 구타 등으로 죽기도 했지만, 가스실에서 독가스를 마시고 죽임을 당한 사람도 많았어.

아우슈비츠 강제 수용소는 고압 전류가 흐르는 이중 철조망이 설치되어 있었고, 수용된 사람을 감시하는 초소도 있었어. 막사와 교수대, 가스실, 소각장 등도 있었고 말이야. 강제 수용소 입구에는 '노동이 그대를 자유케 하리라'라는 뜻의 글자가 쓰여 있지. 왼쪽 그림의 저 글자가 바로 그거야.

아우슈비츠 비르케나우 강제 수용소는 인류가 잊으면 안 되고, 되풀이해서도 안 되는 역사이기 때문에 세계 문화유산으로 지정된 곳이니까 절대 잊으면 안 돼.

아우슈비츠 1 수용소 건물은 현재 아우슈비츠 비르케나우 강제 수용소 박물관이 되었어. 작은 흑백 사진은 당시 모습이야.

아우슈비츠 비르케나우 게이트하우스야. 바닥에 깔린 레일을 따라 수용자들이 기차로 실려 오고, 이 문을 통해서 가스실까지 직접 가는 열차도 지나갔어. 뒤쪽에 늘어선 건물은 나중에 지어진 2 수용소 건물이야.

오랜 노력이 담긴 고딕 양식의 걸작
# 쾰른 대성당

**국가** 독일
**위치** 쾰른
**제작 시기** 1248년~1880년
**등재 연도** 1996년(2008년 수정)

독일 라인 강변의 쾰른 대성당의 정식 명칭은 '성 베드로와 마리아 대성당'이야. 세계에서 세 번째로 규모가 큰 고딕 양식의 교회지.

독일 라인 강변에 우뚝 솟은 건축물이 바로 쾰른 대성당이야. 에스파냐에 있는 세비야 대성당, 이탈리아에 있는 밀라노 대성당에 이어 세계에서 세 번째로 규모가 큰 고딕 양식의 성당이지.

예수의 탄생을 축복해 주었던 동방 박사 세 사람의 유골을 이탈리아 밀라노에서 독일로 가져오게 되었는데, 그것을 기념하기 위해 세운 성당이 바로 쾰른 대성당이야.

성당을 짓기 위한 공사를 1248년에 시작했는데 1880년이 되어서야 완공이 되었어. 그러니까 600년이 넘는 긴 시간 동안 많은 사람의 노력과 정성이 담긴 거야.

쾰른 대성당은 2004년에 세계 문화유산 위험 목록에 올랐어. 라인강 건너편에 쾰른 대성당의 경관을 해치는 고층 건물이 세워질 예정이었거든. 다행히 쾰른시가 건물의 높이를 제한해 2006년에 위험 목록에서 빠졌어.

에스파냐의 세비야 대성당이야.

이탈리아의 밀라노 대성당이지.

쾰른 대성당은 정면에서 보이는 뾰족하게 솟은 두 개의 첨탑으로 잘 알려져 있지. 첨탑의 높이는 157미터야.

대주교가 통치하는 도시 국가 형태를 보존한
# 잘츠부르크 역사 지구

**국가** 오스트리아
**위치** 잘츠부르크
**제작 시기** 8세기~19세기
**등재 연도** 1996년
**관련 인물** 볼프강 아마데우스 모차르트

> 호엔잘츠부르크성은 높고 가파른 암벽에 있기 때문에 어디에서든 옛 도심이 보여. 유럽에서 규모가 가장 큰 중세 시대 성이고, 오랜 시간이 지난 지금도 옛날 모습 그대로 남아 있는 특별한 성이야.

오스트리아의 잘츠부르크 역사 지구는 아름다운 건축물이 호수와 숲, 알프스 산맥과 멋지게 어우러진 곳이야. 중세 시대부터 수세기에 걸쳐 세워진 바로크·고딕·로코코 양식(우아하고 부드러우면서도 복잡하고 화려한 곡선을 중시한 프랑스를 중심으로 유행하던 18세기 유럽의 예술 양식)의 건물이 고스란히 남아 있지. 오랜 시간이 흘렀지만 손상되지 않고 잘 보존되어 있어 더 아름답게 느껴지는 곳이야.

잘츠부르크는 중세 시대에 대주교가 다스리는 도시 국가였어. 700년경에 세워진 성 페터 베네딕트 수도원과 논베르크 베네딕트 수녀원이 아직 남아 있어. 특히 논베르크 베네딕트 수녀원은 알프스 산맥 북부에서 가장 오래된 수녀원이야. 수도원과 수녀원은 대주교가 다스리는 중세 시대 도시 국가의 특징을 보여 주지.

잘츠부르크에서는 많은 예술가가 탄생했는데, 그중 가장 유명한 인물은 음악가 모차르트야. 모차르트가 살던 집에는 그가 쓰던 바이올린과 악보 등이 전시되어 있어.

### 합스부르크 왕가의 여름 별궁
# 쇤브룬 궁전과 정원

**국가** 오스트리아
**위치** 빈
**제작 시기** 17세기~18세기
**등재 연도** 1996년
**관련 인물** 마리아 테레지아 여왕

'쇤브룬'이라는 말은 '아름다운 샘'이라는 뜻이야. 유럽에서 가장 긴 역사와 전통을 가진 왕실 가문인 합스부르크 왕가의 여름 궁전으로 쓰였지.

신성 로마 제국의 마티아스 황제가 사냥하다가 '아름다운 샘'을 발견한 데서 이름이 유래한 '쇤브룬' 궁전은 오스만 튀르크 군대에게 파괴되었지. 새로운 쇤브룬 궁전은 1696년부터 프랑스의 베르사유 궁전을 모방해서 짓기 시작해 마리아 테레지아 여왕 때 완성되었어. 마리아 테레지아 여왕은 유럽에서 가장 긴 역사와 전통을 가진 왕실 가문 합스부르크의 유일한 여성 통치자이자 우리가 잘 아는 마리 앙투아네트의 어머니이기도 해.

쇤브룬 궁전은 여름 궁전답게 바람이 잘 통하는 선선한 곳에 자리해 있어. 베르사유 궁전보다 규모가 작긴 해도 방이 1440개가 넘고, 부지 안에 궁정 마차 박물관, 궁전 극장, 식물원, 동물원, 정원 등을 갖추고 있지. 그중 사방이 온통 거울로 둘러싸인 '거울의 방'이 유명한데, 마리아 테레지아 여왕 앞에서 어린 모차르트가 피아노를 연주했던 곳이기 때문이야.

궁전 뒤로 화단과 분수, 정교한 조각상이 어우러진 프랑스식 정원이 넓게 펼쳐져 있어. 정원 끝 언덕에는 프로이센과의 전쟁에서 승리한 것을 기념해 세운 '글로리에테'가 있어.

프로이센과의 전쟁에서 승리한 것을 기념해 세운 '글로리에테'야. 지금은 카페로 쓰이고 있어.

러시아 정치와 역사의 중심지

# 모스크바 크렘린과 붉은 광장

**국가** 러시아
**위치** 모스크바
**제작 시기** 14세기~17세기
**등재 연도** 1990년
**관련 인물** 이반 3세

크렘린 궁전은 러시아 황제가 살던 권력의 중심지였고, 붉은 광장에서는 역사적 사건이 많이 일어났어. 두 곳 모두 러시아를 상징하는 곳이지.

성 바실리 대성당

모스크바 크렘린 궁전은 오랫동안 러시아 황제가 살던 곳으로 권력의 중심지였어. 궁전은 '요새', '성벽'을 뜻하는 러시아어 '크렘린'으로 불린 것에서 알 수 있듯이 높고 튼튼한 성벽이 특징이야. 이반 3세가 크렘린을 완성하고 성벽 안에 건축물을 세웠지. 그는 러시아를 통일하고 국가의 기틀을 마련해 '이반 대제'라고 불린 왕이야.

크렘린 궁전 성벽 안에는 지붕이 황금색인 우스펜스키 대성당, 아르한겔스키 대성당, 블라고베셴스키 대성당, 이반 대제의 종탑 등 종교 건축물이 특히 많아. 그만큼 러시아 황제들이 종교를 중요시했다는 뜻이지. 그라노비타야 궁전과 황제가 저택으로 썼던 첼무노이 궁전, 총주교가 사용했던 파트리 알시 궁전 등도 성벽 안에 있어.

크렘린 성벽 동북쪽에 있는 넓은 광장이 붉은 광장이야. 붉은 광장은 러시아어로 '붉다'는 뜻도 있지만, '아름답다'는 뜻도 있어. 이 광장은 전쟁을 떠나는 군사들이 행진을 하던 곳이자 정치범이나 흉악범을 시민들 앞에서 처형하던 곳이기도 해.

붉은 광장에 있는 성 바실리 대성당은 러시아 정교회의 가장 아름다운 건축물로 꼽혀. 화려한 색상, 양파 모양의 독특한 지붕이 인상적이지.

크렘린 궁전과 붉은 광장은 러시아의 역사와 문화, 러시아 건축 예술의 아름다움을 보여 주는 곳이야.

크렘린 궁전

# 고대 테베와 네크로폴리스

이집트 문명의 전성기를 보여 주는

**국가** 이집트
**위치** 룩소르
**제작 시기** 기원전 21세기~기원전 11세기
**등재 연도** 1979년

테베와 네크로폴리스가 있는 룩소르는 이집트 문명을 가장 잘 보여 주는 도시야. 파라오들이 묻힌 '왕가의 계곡'에서 투탕카멘의 무덤이 발견되었지.

이집트의 나일강을 중심으로 동쪽에는 네크로폴리스, 서쪽에는 테베가 있어.

동쪽의 네크로폴리스는 고대 무덤과 수많은 벽화, 조각이 보존되어 있는 곳이야. 많은 귀족의 무덤 중에서 제18왕조 투트모세 3세 때 재상인 라후미라, 파라오의 농지를 관리하던 멘나의 무덤이 특히 유명해.

테베는 고대 이집트의 중왕국와 신왕국 때 수도였던 곳이야. 이곳에 투트모세 1세부터 람세스 11세까지 파라오들이 묻힌 '왕가의 계곡'이 있어. 1922년에는 왕가의 계곡에서 18세라는 어린 나이에 죽은 투탕카멘의 무덤과 황금 마스크, 3400점이 넘는 유물이 발견되었지.

테베는 '아몬 신의 도시'라고도 불려. '아몬 신'은 '풍요의 신'이라 불리며 고대 이집트 사람들이 숭배한 신이야. 테베에 있는 룩소르 신전과 카르나크 신전은 아몬 신에게 바쳐진 거야. 이 신전들은 피라미드, 스핑크스와 함께 이집트 3대 유물로 꼽히지. 카르나크 신전은 현재 남아 있는 이집트 신전 중에서 규모가 가장 커.

↘ 룩소르 신전의 왼쪽에 보이는 긴 기둥을 '오벨리스크'라고 해. 오벨리스크는 보통 두 개를 세우는데, 오른쪽 오벨리스크는 현재 프랑스 콩코르드 광장에 있어.

↘ 카르나크 신전의 입구에는 머리는 양, 몸은 사자인 스핑크스가 죽 늘어서 있어.

미국의 역사가 시작된

# 미국 독립 기념관

**국가** 미국
**위치** 펜실베이니아주 필라델피아
**제작 시기** 1732년~1753년
**등재 연도** 1979년

> 필라델피아에 있는 이곳에서 미국은 독립을 선언했어. 오늘날의 자유 민주주의를 상징하는 곳이야.

독립 기념관이 있는 필라델피아는 종교적인 박해와 가난을 피해 유럽에서 신대륙(아메리카 대륙)으로 건너온 사람들이 모여 살면서 발전한 도시야. 영국이 신대륙 사람들, 즉 미국 사람들에게 정치적으로 간섭하고 과도한 세금을 부과하면서 미국 사람들의 불만이 점점 높아졌어. 결국 1776년, 미국은 영국에 독립을 선언하고 전쟁을 벌이게 되었지. 이때 독립을 선언한 장소가 바로 필라델피아에 있는 독립 기념관이야.

원래 이 건물은 펜실베이니아 식민지 정부 청사였어. 미국이 영국의 식민지에서 벗어나고 건물 이름이 바뀐 것이지. 1787년에는 독립 기념관에서 미국 헌법이 통과되기도 했어. 그렇게 독립 기념관은 오늘날의 자유 민주주의를 상징하는 장소가 되었어. 이후 필라델피아는 1790년부터 1800년까지 11년 동안 미국 연방 공화국의 수도였어.

미국이 독립한 이후 독립 기념관 말고도 두 채의 건물이 더 지어졌어. 하나는 의회가 열렸던 국회 의사당이고, 다른 하나는 미국 최고 재판소로 사용되었던 건물이야. 이 건물들을 합해 '독립 기념관 국립 역사 공원'이라고 불러.

↪ 영국이 미국의 상인과 회사가 무역을 할 수 없도록 새 법을 만들자, 미국의 시민들은 분노했어. 그리고 1773년 보스턴 시민들이 보스턴 항구에 정박해 있던 동인도 회사의 무역선을 습격했는데, 이 사건이 미국 독립 전쟁의 시작이 된 '보스턴 차 사건'이야.

↪ 독립 선언문이 선언되고 헌법이 통과된 대회의실 내부야. 독립 기념관은 보수를 하면서 겉모습이 조금 달라졌지만, 카펜터스홀, 클럽 하우스, 어셈블리룸, 대회의실 등의 내부는 처음 지어졌을 때 모습 그대로 남아 있어.

## 멕시코의 신비로운 유적
# 테오티우아칸

**국가** 멕시코
**위치** 멕시코시티 북동쪽
**제작 시기** 기원전 100년~600년
**등재 연도** 1987년

> 테오티우아칸은 '신들이 창조한 도시'라는 뜻으로, 아스테카 사람들이 이름 붙인 거야. '죽은 자의 거리'라는 넓고 긴 길을 따라 여러 신전과 궁전, 광장, 주거지, 경작지가 흩어져 있어.

테오티우아칸은 멕시코에서 가장 오래된 유적지 중 하나로, 언제 만들어졌고 왜 폐허가 되었는지 알 수 있는 기록이 없어. 유적지에 남아 있는 건축 양식과 재료, 그림, 조각 등으로 연대를 추정할 뿐이지.

　7세기쯤 화재로 폐허가 되고 그곳에 살던 사람들이 사라진 것 같은데, 불이 난 원인은 알 수 없어. 테오티우아칸의 문화가 아메리카 대륙에서 탄생한 여러 문명에 큰 영향을 미쳤다는 것은 확실하지만 말이야.

　수백 년 동안 폐허였던 곳을 14세기에 아스테카 사람들이 발견해 도시와 건물에 이름을 붙였어. 200년 동안 아스테카 사람들에게 신성시되다가 에스파냐 군대가 침입하면서 또다시 방치되었지. 19세기 중반에 다시 발굴을 시작하면서 알려진 거야.

　테오티우아칸은 현재 10분의 1 정도 발굴된 상태인데, 발굴된 면적만 여의도의 네 배 정도라고 해. '죽은 자의 거리'라는 넓고 긴 길을 따라 여러 신전과 궁전, 광장, 주거지, 경작지가 흩어져 있어. 이 중 태양의 피라미드와 달의 피라미드라는 커다란 건축물이 눈길을 끌어. 태양의 피라미드는 바닥 한 변의 길이가 230미터, 높이가 66미터에 이르는 계단식 피라미드야. 또 죽은 자의 거리 끝에 있는 달의 피라미드는 인간의 심장과 피를 바쳤던 곳으로 추측이 돼.

> 마추픽추는 '나이 든 봉우리'라는 뜻인데, 산자락에서는 그 모습을 볼 수 없어 '공중 도시'라고도 불려.

신비에 싸인 공중 도시
# 마추픽추 역사 보호 지구

**국가** 페루
**위치** 쿠스코시 북서쪽 안데스 산맥 우르밤바 계곡
**제작 시기** 미상
**등재 연도** 1983년
**관련 인물** 하이럼 빙엄

남아메리카 대륙에 있는 페루의 안데스 산맥을 중심으로 번영한 인디언들의 문명을 '잉카 문명'이라고 해. 척박한 환경에서도 수준 높은 문화를 이룬 잉카 문명은 에스파냐의 침략으로 파괴되었지.

하지만 해발 고도 2430미터의 산 정상에 자리 잡은 마추픽추는 정복자들의 손이 미치지 않았어. 강과 산이 둘러싸고 있어서 접근이 쉽지 않거든. 그런데 16세기 후반, 잉카인들은 갑자기 마추픽추를 버리고 더 깊숙한 오지로 떠났어.

그 후로 약 400년 동안 잊혔다가 1911년에 미국의 역사학자 하이럼 빙엄에게 발견되었어. 빙엄은 연구를 한다며 마추픽추의 유물을 미국으로 가져갔고, 아직도 마추픽추의 유물은 미국에 남아 있지.

마추픽추는 급경사면에 계단을 만들고, 능선 위로 펼쳐진 평지에 건설된 도시야. 서쪽의 시가지에 신전과 궁전, 주민 거주지가 있고 절반 정도의 비탈면은 계단식 밭을 일구었지.

잉카인들이 산속 깊은 곳에 계단식 밭과 도시를 만든 이유는 뭘까? 그리고 갑자기 왜 떠났을까? 아직도 많은 의문이 풀리지 않은 채 수수께끼로 남아 있어.

↳ 마추픽추의 꼭대기에는 '인티파타나'라고 하는 돌기둥이 있어. 태양을 잇는 기둥이라는 뜻으로 제사를 지내는 용도로 쓰였을 것이라고 추측해.

↳ 마추픽추 사람들은 산비탈에 계단식 밭을 만들었지.

# 사진 출처

11쪽 석가탑 : 문화재청
11쪽 다보탑 : 문화재청
13쪽 팔만대장경 목판 : 문화재청
15쪽 종묘 제례악 : joonghijung, CC BY 2.0
17쪽 〈동궐도〉: 위키 퍼블릭
17쪽 창덕궁 인정전 : eimoberg, CC BY 2.0
19쪽 거중기 : 잉여빵, CC BY 3.0
21쪽 강화군 부근리 탁자식 고인돌 : Hairwizard91, CC BY-SA 3.0
21쪽 고창군 고창읍 죽림리 바둑판식 고인돌 : 문화재청
23쪽 황룡사 복원 영상 : Historiographer, CC BY-SA 3.0
23쪽 황룡사지 전경 : 문화재청
23쪽 첨성대 : Zsinj, CC BY-SA 4.0
25쪽 광릉 재실 : 위키 퍼블릭
27쪽 경주 양동 마을 : 자작, CC BY-SA 3.0
29쪽 수산리 고분 벽화 : mesosyn.com, CC BY-SA 4.0
29쪽 안악3호분 묘의 주인을 그린 벽화 : 위키 퍼블릭
29쪽 평양 고구려 동명왕릉 : mesosyn.com, CC BY-SA 4.0
33쪽 자금성의 정전 태화전 : Dave Proffer, CC BY-SA 2.0
33쪽 자금성의 성벽 : G41rn8, CC BY-SA 4.0
35쪽 진시황제 그림 : 위키 퍼블릭
35쪽 진시황릉의 병마용 : Peter Morgan, CC BY-SA 2.0
37쪽 쇼토쿠 태자 목판 그림 : 위키 퍼블릭
37쪽 정림사지 오층 석탑 : 문화재청, 위키백과
37쪽 호류지 오중탑 : 663highland, CC BY 2.5
39쪽 원자 폭탄 리틀 보이 : 위키 퍼블릭
39쪽 원자 폭탄 투하 후의 히로시마 모습 : 위키 퍼블릭
41쪽 프라시산펫 사원 : Diego Delso CC BY-SA 3.0
41쪽 마하탓 사원의 보리수나무 불상 : Diego Delso, CC BY-SA 3.0
43쪽 보로부두르 평면도 : Gunawan Kartapranata, CC BY-SA 3.0
43쪽 스투파 : Heaven's Army, CC BY 3.0
45쪽 앙코르 톰의 바이욘 사원 : Dmitry A. Mottl, CC BY-SA 4.0
47쪽 타지마할의 천장 장식(왼쪽 위) : 위키 퍼블릭
47쪽 타지마할의 꽃무늬 부조(왼쪽 아래) : Yann Forget, CC BY-SA 3.0
47쪽 타지마할의 벽 장식(오른쪽) : Dennis Jarvis, CC BY-SA 2.0

49쪽 아잔타 17번 석굴 : Woudloper, CC BY-SA 4.0
51쪽 페르세폴리스 입구 : Diego Delso, CC BY-SA 4.0
53쪽 모헨조다로 고고 유적지의 대형 목욕탕 : Saqib Qayyum, CC BY-SA 3.0
55쪽 울루그베그 천문대 : Michel Benoist, CC BY 2.5
57쪽 성묘교회 : Gerd Eichmann, CC BY-SA 4.0
57쪽 통곡의 벽 : Antonina Reshef, CC BY-SA 3.0
59쪽 아야 소피아 성당 : Arild Vagen CC BY-SA 3.0
59쪽 술탄 아흐메트 모스크 : Dersaadet CC BY-SA 3.0
61쪽 트로이 유적지의 각기 다른 시기의 지층 : Winstonza, CC BY-SA 3.0
61쪽 하인리히 슐리만 : 위키 퍼블릭
65쪽 올림피아 고고 유적지의 헤라 신전 : Matěj Baťha, CC BY-SA 2.5
65쪽 올림피아 고고 유적지의 팔라이스트라 : Bgabel, CC BY-SA 3.0
67쪽 콜로세움 내부 : Paolo Costa Baldi, CC BY-SA 3.0
67쪽 고대 로마 제국의 정치와 경제의 중심이었던 포로 로마노 : DannyBoy7783, GFDL
69쪽 〈최후의 만찬〉: 산타 마리아 델레 그라치에 성당
71쪽 피렌체 성당 : Bruce Stokes, CC BY-SA 2.0
71쪽 우피치 미술관 : Michelle Maria, CC BY 3.0
73쪽 석호에 만들어진 베네치아 : Chris 73, CC BY-SA 3.0
75쪽 바티칸 미술관 : F. Bucher, CC BY 2.5
79쪽 안토니오 가우디 : 위키 퍼블릭
79쪽 카사 밀라 : Arnaud Gaillard, CC BY-SA 1.0
79쪽 사그라다 파밀리아 성당 : Rapomon, CC BY-SA 3.0
81쪽 알타미라 박물관 : Alonso de Mendoza, CC BY-SA 4.0
83쪽 예른 오베르 웃손 : 영국 국립 초상화 미술관
83쪽 조안 서덜랜드 극장 관객석 : MorePix, CC BY-SA 4.0
83쪽 오페라 하우스 콘서트홀에서의 공연 모습 : Jason7825, CC BY-SA 3.0
85쪽 베르사유 궁전 거울의 방 : Myrabella, CC BY-SA 3.0
87쪽 샤르트르 대성당의 스테인드글라스 : MMensler, CC BY-SA 3.0
89쪽 스톤헨지 구조 그림 : 위키 퍼블릭
89쪽 에이브버리 마을의 거석 : Wikityke, CC BY-SA 3.0
93쪽 아우슈비츠 1 수용소 : Air-Quad UG, CC BY-SA 3.0
93쪽 아우슈비츠 게이트하우스 : Air-Quad UG, CC BY-SA 3.0

95쪽 에스파냐의 세비야 대성당 : Ingo Mehling, CC BY-SA 4.0
95쪽 이탈리아의 밀라노 대성당 : Jiuguang Wang, CC BY-SA 3.0
95쪽 쾰른 대성당 서쪽 정면 모습 : Tobi 87, CC BY-SA 3.0
99쪽 쇤브룬 궁전의 글로리에테 : Simon Matzinger, CC BY-SA 3.0
103쪽 룩소르 신전의 탑문과 오벨리스크 : CC BY-SA 3.0
103쪽 카르나크 신전 입구의 스핑크스 : 위키 퍼블릭
105쪽 보스턴 차 사건 그림 : 위키 퍼블릭
105쪽 미국 독립 기념관 대회의실 내부 : RadioFan, CC BY-SA 3.0
109쪽 인티파타나 : Jordan Klein, CC BY 2.0
109쪽 마추픽추의 계단식 밭 : RAF-YYC, CC BY-SA 2.0
116쪽 고구려 고분군 중 장군총 : Bart0278, CC BY-SA 3.0
116쪽 경주 역사 유적 지구 대릉원 일원 전경 : 문화재청
116쪽 강화 부근리 고인돌 : Hairwizard91, CC BY-SA 3.0
116쪽 왕가의 계곡 : Peter J. Bubenik, CC BY-SA 2.0
118쪽 포로 로마노 : Bert Kaufmann, CC BY-SA 2.0
118쪽 알람브라 궁전 : Jebulon, CC0
118쪽 만리장성 : Jakub Hałunr, CC BY-SA 3.0
118쪽 마추픽추 : Martin St-Amant, CC BY-SA 3.0
120쪽 모헨조다로 고고 유적 : Saqib Qayyum, CC BY-SA 3.0
120쪽 모스크바 크렘린 : Kremlin.ru, CC BY 4.0
120쪽 바티칸 : Diliff, CC BY-SA 3.0
120쪽 미국 독립 기념관 : xiquinhosilva, CC BY 2.0
122쪽 베르사유 궁전 : Eric Pouhier, CC BY-SA 2.5
122쪽 베네치아의 대운하 : Didier Descouens, CC BY-SA 4.0
122쪽 사마르칸트 레기스탄 : Gustavo Jeronimo, CC BY 2.0
122쪽 보로부두르 불교 사원 : 22Kartika, CC BY-SA 3.0
124쪽 샤르트르 대성당 : Olvr, CC BY-SA 3.0
124쪽 산타 마리아 교회 : Latinboy, CC BY-SA 1.0
124쪽 쇤브룬 궁전 : 위키 퍼블릭
124쪽 불국사 : 문화재청
126쪽 스톤헨지 : garethwiscombe, CC BY-SA 2.0
126쪽 수원 화성 화서문과 서북공심돈 : bifyu, CC BY-SA 3.0
126쪽 아우슈비츠 비르케나우 강제 수용소 : Tulio Bertorini (tbertor1), CC BY-SA 2.0
126쪽 시드니 오페라 하우스 : Bjarte Sorensen, CC BY-SA 3.0
128쪽 아잔타 석굴 : Soman, CC BY 2.5
128쪽 차이와타나람 사원 : 위키 퍼블릭
128쪽 구엘 공원 : Bernard Gagnon, CC BY-SA 3.0
128쪽 아테네의 아크로폴리스 전경 : Christophe Meneboeuf, CC BY-SA 3.0
130쪽 앙코르 와트 : Kheng Vungvuthy, CC BY-SA 4.0
130쪽 알타미라 동굴 벽화 : D. Rodriguez, CC BY-SA 3.0
130쪽 올림피아 고고 유적지의 제우스 신전 : Alun Salt, CC BY-SA 2.0
130쪽 예루살렘 옛 시가지와 성곽 : Andrew Shiva, CC BY-SA 4.0
132쪽 아야 소피아 성당과 술탄 아흐메트 모스크의 전경 : Julian Nyča, CC BY-SA 4.0
132쪽 웨스트민스터 궁전 : Alvesgaspar, CC BY-SA 3.0
132쪽 잘츠부르크 역사 지구 : Thomas Pintaric, CC BY-SA 3.0
132쪽 경산 공원에서 바라본 자금성의 전체 모습 : Asadal, CC BY-SA 3.0
134쪽 종묘 정전 : KO BYUNGSUK, CC BY-SA 4.0
134쪽 하늘에서 내려다본 건원릉 전경 : 문화재청
134쪽 창덕궁 전경 : 대한민국학중앙연구원
134쪽 진시황릉 : wit, CC BY-SA 2.0
136쪽 타지마할 : Matthew T Rader, CC BY-SA 4.0
136쪽 쾰른 대성당 항공 사진 : dronepicr, CC BY 2.0
136쪽 트로이 고고 유적지의 원형 극장 : Brian Harrington Spier, CC BY-SA 2.0
136쪽 테오티우아칸 : Ricardo David Sánchez, CC BY-SA 3.0
138쪽 피렌체 역사 지구 : Giorgio Galeotti, CC BY 4.0
138쪽 페르세폴리스 전경 : F Couin, CC BY-SA 4.0
138쪽 해인사 장경판전 내부 : 문화재청
138쪽 하늘에서 내려다본 하회 마을 전경 : 위키 퍼블릭
140쪽 호류지 : 663highland, CC BY 2.5
140쪽 히로시마 평화 기념관 : 위키 퍼블릭

# 찾아보기

## ㄱ
강화 고인돌 유적 20~21
경복궁 16, 17
경주 역사 유적 지구 22~23
고구려 고분군 28~29
고대 테베와 네크로폴리스 102~103
고창 고인돌 유적 20~21
구엘 공원 78, 79
구엘 저택 78, 79

## ㄴ
나정 22

## ㄷ
다보탑 11
대릉원 22, 23
대왕암 22
도미니크 수도원 68~69
동명왕릉 29

## ㄹ
로마 역사 지구 66~67
룩소르 신전 103

## ㅁ
마추픽추 역사 보호 지구 108~109
마하탓 사원 41
만리장성 30~31
모스크바 붉은 광장 100~101
모헨조다로 고고 유적 52~53
미국 독립 기념관 104~105
밀라노 대성당 95

## ㅂ
바티칸 시티 74~75
베네치아 72~73
베르사유 궁전과 정원 84~85, 99
보로부두르 불교 사원 42~43
분황사 22, 23
불국사 10~11
비비하눔 모스크 55
빅 벤 91

## ㅅ
사그라다 파밀리아 성당 79
사마르칸트 54~55
산마르코 대성당 73
산타 마리아 교회(산타 마리아 델레 그라치에 성당) 68~69
샤르트르 대성당 86~87
샤히 진다 55
석가탑 11
석굴암 10~11
성 마거릿 성당 90~91
성 바실리 대성당 101
성 베드로 대성당(산피에트로 대성당) 66, 74, 75
세비야 대성당 95
쇤브룬 궁전과 정원 98~99
수산리 고분 29
수원 화성 18~19
술탄 아흐메트 모스크(블루 모스크) 58, 59
스톤헨지 88~89
시드니 오페라 하우스 82~83

## ㅇ
아야 소피아 성당 58, 59
아우슈비츠 비르케나우 강제 수용소 92~93
아유타야 역사 도시 40~41
아잔타 석굴 48~49
아테네 파르테논 신전 63

아테네의 아크로폴리스 62~63
안압지 22
알람브라 76~77
알바이신 76~77
알타미라 동굴과 구석기 동굴 벽화 80~81
앙코르 와트 44, 45
앙코르 유적지 42, 44~45
앙코르 톰 45
양동 마을 26~27
에이브버리 거석 유적 88~89
예루살렘 옛 시가지와 성곽 56~57
올림피아 고고 유적 64~65
올림피아 헤라 신전 65
왕가의 계곡 102, 103
울루그베그 천문대 55
웨스트민스터 궁전 90~91
웨스트민스터 사원 90~91
이스탄불 역사 지구 58~59

ㅈ
자금성(고궁 박물원) 32~33
잘츠부르크 역사 지구 96~97
조선 왕릉 24~25
종묘 14~15, 16
진시황릉 34~35

ㅊ
차이와타나람 사원 41
창경궁 16, 17
창덕궁 16~17
천마총 22
첨성대 22, 23

ㅋ
카르나크 신전 103

카사 밀라 78, 79
콘스탄티누스 개선문 66, 67
콜로세움 66, 67
쾰른 대성당(성 베드로와 마리아 대성당) 94~95
크렘린 100~101

ㅌ
타지마할 46~47
테오티우아칸 106~107
트로이 고고 유적지 60~61

ㅍ
판테온 66, 67
페르세폴리스 50~51
포로 로마노 66, 67
포석정 22
프라시산펫 사원 41
피렌체 성당(산타 마리아 델 피오레 성당) 71
피렌체 역사 지구 70~71

ㅎ
하회 마을 26~27
해인사 장경판전 12~13
헤네랄리페 76~77
호류지의 불교 기념물 36~37
호엔잘츠부르크성 96
화순 고인돌 유적 20~21
황룡사 11, 23
히로시마 평화 기념관 38~39

# 숙제 부록

본문에서는 문화재가 만들어진 나라의 위치와 그 나라의 문화를

함께 이해하기 쉽도록 문화재를 지리적으로 가까운 순서대로 따라갔지만,

부록에서는 이름으로 찾기 쉽도록

한글의 가나다 순서대로 정리해 놓았습니다.

앞쪽 면에는 문화재 일러스트와 간단한 소개 내용이 나오고,

뒤쪽 면에는 문화재 사진과 핵심 요약 정보가 들어 있습니다.

### 도시 전체가 문화유산 그 자체
# 경주 역사 유적 지구

> 경주는 천 년 가까이 신라의 도읍지였기 때문에 도시 곳곳에 문화유산이 있어. 경주 역사 유적 지구는 크게 다섯 구역으로 나누어져 있어.

### 고구려 사람들의 생각과 생활 모습을 알려 주는
# 고구려 고분군

> 옛날 무덤 중에서 역사적인 자료가 될 수 있는 무덤을 '고분'이라고 해. 고구려 고분에는 무덤 벽화가 그려져 있는데, 이것을 보고 고구려 사람들이 어떻게 살았는지를 알 수 있어.

### 이집트 문명의 전성기를 보여 주는
# 고대 테베와 네크로폴리스

> 테베와 네크로폴리스가 있는 룩소르는 이집트 문명을 가장 잘 보여 주는 도시야. 파라오들이 묻힌 '왕가의 계곡'에서 투탕카멘의 무덤이 발견되었지.

### 우리나라 청동기 시대 연구에 중요한 유적
# 고창, 화순, 강화 고인돌 유적

> 커다란 바위로 만든 선사 시대 무덤이 고인돌이지. 이 커다란 바위를 옮기려면 많은 사람이 힘을 합쳐야 했을 거야. 그래서 힘 있는 사람의 무덤이라고 생각하지.

## 고구려 사람들의 생각과 생활 모습을 알려 주는
# 고구려 고분군

| 국가 | 조선 민주주의 인민 공화국(북한) |
|---|---|
| 위치 | 평양직할시, 평안남도 남포, 황해남도 안악 |
| 제작 시기 | 고구려(기원전 7세기~1세기) |
| 등재 연도 | 2004년 |

## 도시 전체가 문화유산 그 자체
# 경주 역사 유적 지구

| 국가 | 대한민국 |
|---|---|
| 위치 | 경상북도 경주시 |
| 제작 시기 | 삼국 시대 신라, 통일 신라(7세기~10세기) |
| 등재 연도 | 2000년 |
| 관련 문화재 | 안압지, 천마총, 첨성대, 나정, 포석정 등 |

## 우리나라 청동기 시대 연구에 중요한 유적
# 고창, 화순, 강화 고인돌 유적

| 국가 | 대한민국 |
|---|---|
| 위치 | 전라북도 고창군, 전라남도 화순군, 인천광역시 강화군 |
| 제작 시기 | 청동기 시대 (기원전 2000년~1000년 추정) |
| 등재 연도 | 2000년 |

## 이집트 문명의 전성기를 보여 주는
# 고대 테베와 네크로폴리스

| 국가 | 이집트 |
|---|---|
| 위치 | 룩소르 |
| 제작 시기 | 기원전 21세기~기원전 11세기 |
| 등재 연도 | 1979년 |

### 유럽 문화와 이슬람 문화가 조화를 이룬 곳
## 그라나다의 알람브라, 헤네랄리페, 알바이신

13세기 에스파냐 안달루시아 지방에 이슬람교도들이 그라나다 왕국을 세웠어. 이후 이곳에는 이슬람과 유럽의 문화가 조화를 이루었지.

### 고대 로마인의 뛰어난 건축 기술을 보여 주는
## 로마 역사 지구

고대에 넓은 영토를 차지하며 주변 나라에 많은 영향을 미친 고대 로마 제국의 정치와 문화를 엿볼 수 있는 유적이야.

성 베드로 대성당 / 판테온 / 포로 로마노 / 콘스탄티누스 개선문 / 콜로세움

### 신비에 싸인 공중 도시
## 마추픽추 역사 보호 지구

마추픽추는 '나이 든 봉우리'라는 뜻인데, 산자락에서는 그 모습을 볼 수 없어 '공중 도시'라고도 불려.

### 세상에서 가장 긴 성벽 유적
## 만리장성

북쪽 유목 민족의 침입을 막기 위해 중국에서 세운 성벽이 만리장성이야. 만리장성은 자연을 최대한 이용해서 만들었어.

### 고대 로마인의 뛰어난 건축 기술을 보여 주는
# 로마 역사 지구

| 국가 | 이탈리아, 바티칸 시국 |
|---|---|
| 위치 | 로마 지역, 바티칸 시국 |
| 제작 시기 | 기원전 753년 |
| 등재 연도 | 1980년(1990년 확장) |

### 유럽 문화와 이슬람 문화가 조화를 이룬 곳
# 그라나다의 알람브라, 헤네랄리페, 알바이신

| 국가 | 에스파냐 |
|---|---|
| 위치 | 안달루시아 지방 그라나다 |
| 제작 시기 | 13세기~14세기 |
| 등재 연도 | 1984년(1994년 확장) |

### 세상에서 가장 긴 성벽 유적
# 만리장성

| 국가 | 중국 |
|---|---|
| 위치 | 랴오닝, 지린, 허베이, 베이징, 톈진, 산시, 내몽골, 닝샤, 간쑤, 신장, 산둥, 허난, 후베이, 후난, 쓰촨, 칭하이, 그 밖의 자치주 |
| 제작 시기 | 기원전 220년~17세기 |
| 등재 연도 | 1987년 |
| 관련 인물 | 진시황제 |

### 신비에 싸인 공중 도시
# 마추픽추 역사 보호 지구

| 국가 | 페루 |
|---|---|
| 위치 | 쿠스코시 북서쪽 안데스 산맥 우르밤바 계곡 |
| 제작 시기 | 미상 |
| 등재 연도 | 1983년 |
| 관련 인물 | 하이럼 빙엄 |

### 러시아 정치와 역사의 중심지
# 모스크바 크렘린과 붉은 광장

크렘린 궁전은 러시아 황제가 살던 권력의 중심지였고, 붉은 광장에서는 역사적 사건이 많이 일어났어. 두 곳 모두 러시아를 상징하는 곳이지.

### 계획에 따라 건설된 세련된 도시 문명
# 모헨조다로 고고 유적

모헨조다로는 '죽은 자들의 흙무덤'이라는 뜻인데, 인더스 문명을 대표하는 유적이야. 인류 최초 공중목욕탕이라고 부를 수 있는 대형 목욕탕이 있는 곳으로도 유명하지.

### 미국의 역사가 시작된
# 미국 독립 기념관

필라델피아에 있는 이곳에서 미국은 독립을 선언했어. 오늘날의 자유 민주주의를 상징하는 곳이야.

### 교황이 다스리는 독립된 주권 국가
# 바티칸 시티

바티칸 시티는 콘스탄티누스 대제가 크리스트교를 공인하면서 가톨릭의 중심지가 되었어. 이때 바티칸 시티에 있는 베드로의 무덤에 성 베드로 대성당을 지었지.

## 계획에 따라 건설된 세련된 도시 문명
# 모헨조다로 고고 유적

| 국가 | 파키스탄 |
|---|---|
| 위치 | 신드 지방 인더스강 동쪽 연안 라르카나 지구 |
| 제작 시기 | 기원전 2500년경~기원전 1500년경 |
| 등재 연도 | 1980년 |

## 러시아 정치와 역사의 중심지
# 모스크바 크렘린과 붉은 광장

| 국가 | 러시아 |
|---|---|
| 위치 | 모스크바 |
| 제작 시기 | 14세기~17세기 |
| 등재 연도 | 1990년 |
| 관련 인물 | 이반 3세 |

## 교황이 다스리는 독립된 주권 국가
# 바티칸 시티

| 국가 | 바티칸 시국 |
|---|---|
| 위치 | 바티칸 시국 |
| 제작 시기 | 4세기 |
| 등재 연도 | 1984년 |
| 관련 인물 | 콘티탄티누스 대제 |

## 미국의 역사가 시작된
# 미국 독립 기념관

| 국가 | 미국 |
|---|---|
| 위치 | 펜실베이니아주 필라델피아 |
| 제작 시기 | 1732년~1753년 |
| 등재 연도 | 1979년 |

### 석호 위에 지어진 물의 도시
# 베네치아와 석호

이탈리아어 '베네치아'는 영어로는 '베니스'야. 베네치아는 얕은 호수인 석호 위에 인공적으로 만든 도시로, 도시 전체에 수로가 뚫려 있어 배를 타고 다녀.

### 바로크 양식을 대표하는 화려함
# 베르사유 궁전과 정원

베르사유 궁전은 프랑스의 왕 루이 14세부터 루이 16세까지 살던 곳으로, 유럽의 이상적인 궁전으로 손꼽혀.

### 불교의 우주관을 표현한 미스터리한 건축물
# 보로부두르 불교 사원

보로부두르는 샤일렌드라 왕조의 불교 기념물이야. 세계 최대 규모의 불교 유적이고, 앙코르 유적지와 함께 동남아시아를 대표하는 유적이지.

### 실크로드의 교역지로 문화와 학문이 번성한
# 사마르칸트 - 문화 교차로

실크로드(비단길)의 교역지로 번창해 옛날부터 '동방의 낙원', '중앙아시아의 로마', '황금의 도시'로 불리며 경제적으로 번영을 이룬 도시야.

## 바로크 양식을 대표하는 화려함
# 베르사유 궁전과 정원

| 국가 | 프랑스 |
|---|---|
| 위치 | 일드프랑스 지역 베르사유 |
| 제작 시기 | 1624년, 1661년~1710년 |
| 등재 연도 | 1979년(2007년 수정) |
| 관련 인물 | 루이 14세 |

## 석호 위에 지어진 물의 도시
# 베네치아와 석호

| 국가 | 이탈리아 |
|---|---|
| 위치 | 베네토주 베네치아 |
| 제작 시기 | 5세기 |
| 등재 연도 | 1987년 |

## 실크로드의 교역지로 문화와 학문이 번성한
# 사마르칸트 - 문화 교차로

| 국가 | 우즈베키스탄 |
|---|---|
| 위치 | 사마르칸트 |
| 제작 시기 | 기원전 7세기 |
| 등재 연도 | 2001년 |
| 관련 인물 | 티무르 왕 |

## 불교의 우주관을 표현한 미스터리한 건축물
# 보로부두르 불교 사원

| 국가 | 인도네시아 |
|---|---|
| 위치 | 자바섬 욕야카르타 북서쪽 |
| 제작 시기 | 750년~842년 |
| 등재 연도 | 1991년 |

### 고딕 양식과 르네상스 양식이 섞인
# 산타 마리아 교회, 도미니크 수도원

산타 마리아 교회는 '산타 마리아 델레 그라치에 성당'이라고도 불러. 교회를 넓히면서 도미니크 수도원이 만들어졌고, 수도원 식당에 레오나르도 다빈치의 작품 〈최후의 만찬〉이 그려져 있어.

### 프랑스 고딕 양식을 대표하는 건축물
# 샤르트르 대성당

사람들은 하늘에 더 가까워지고 싶은 마음을 담아 샤르트르 대성당을 만들었어. 한동안 유럽의 수많은 종교 건축물이 샤르트르 대성당을 따라 고딕 양식으로 지어졌지.

### 부처님의 나라를 향한 신라인의 간절함이 담긴
# 석굴암과 불국사

불국사라는 이름은 '불국정토', 즉 '부처님이 사는, 걱정과 근심 없는 아주 깨끗한 세상'이라는 말에서 유래했어. 부처님의 세상을 절의 형태로 나타낸 거야.

### 합스부르크 왕가의 여름 별궁
# 쇤브룬 궁전과 정원

'쇤브룬'이라는 말은 '아름다운 샘'이라는 뜻이야. 유럽에서 가장 긴 역사와 전통을 가진 왕실 가문인 합스부르크 왕가의 여름 궁전으로 쓰였지.

## 프랑스 고딕 양식을 대표하는 건축물
# 샤르트르 대성당

| 국가 | 프랑스 |
|---|---|
| 위치 | 샤르트르 |
| 제작 시기 | 1145년~1260년 |
| 등재 연도 | 1979년(2009년 수정) |

## 고딕 양식과 르네상스 양식이 섞인
# 산타 마리아 교회, 도미니크 수도원

| 국가 | 이탈리아 |
|---|---|
| 위치 | 롬바르디아주 밀라노 |
| 제작 시기 | 1463년~1492년 |
| 등재 연도 | 1980년 |
| 관련 인물 | 레오나르도 다빈치 |

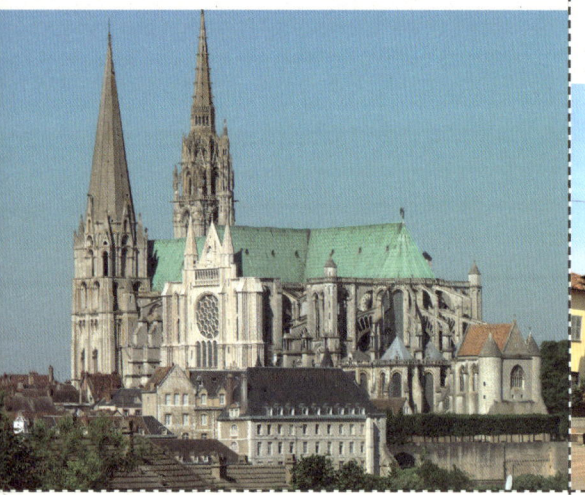

## 합스부르크 왕가의 여름 별궁
# 쇤브룬 궁전과 정원

| 국가 | 오스트리아 |
|---|---|
| 위치 | 빈 |
| 제작 시기 | 17세기~18세기 |
| 등재 연도 | 1996년 |
| 관련 인물 | 마리아 테레지아 여왕 |

## 부처님의 나라를 향한 신라인의 간절함이 담긴
# 석굴암과 불국사

| 국가 | 대한민국 |
|---|---|
| 위치 | 경상북도 경주시 |
| 제작 시기 | 통일 신라(751년~774년) |
| 등재 연도 | 1995년 |
| 관련 문화재 | 석가탑, 다보탑 |

### 세계 최초의 계획된 신도시
# 수원 화성

> 화성은 정조 임금이 새로운 도시를 만들려는 계획으로 쌓은 성곽이야. 당시의 기술과 능력을 총동원해 주변 자연과 어우러지면서도 과학적이고 실용적으로 만들어졌어.

### 풀리지 않는 비밀을 간직한
# 스톤헨지와 에이브버리 거석 유적

> 영국 솔즈베리 평원과 에이브버리에는 인공적으로 깎은 큰 돌들이 정밀한 구조로 배치된 선사 시대 유적이 있어. 누가, 어떻게, 왜 만들었는지는 몰라.

### 오스트레일리아와 시드니를 상징하는 종합 극장
# 시드니 오페라 하우스

> 시드니의 오페라 하우스에서는 거의 매일 다양한 공연이 열려. 인상적인 조개껍데기 모양의 하얀 지붕은 특수 제작해서 때가 잘 타지 않지.

### 잊지 말아야 할 인간의 잔혹한 역사
# 아우슈비츠 비르케나우 강제 수용소

> 제2차 세계 대전 때 유대인을 잔인하게 죽인 대표적인 장소가 바로 아우슈비츠 비르케나우 강제 수용소야.

## 풀리지 않는 비밀을 간직한
# 스톤헨지와 에이브버리 거석 유적

| 국가 | 영국 |
|---|---|
| 위치 | 월트셔 솔즈베리 평원, 에이브버리 |
| 제작 시기 | 기원전 3700년~기원전 1600년경 |
| 등재 연도 | 1986년(2008년 수정) |

## 세계 최초의 계획된 신도시
# 수원 화성

| 국가 | 대한민국 |
|---|---|
| 위치 | 경기도 수원시 |
| 제작 시기 | 조선(1794년~1796년) |
| 등재 연도 | 1997년 |
| 관련 인물 | 정조, 정약용 |

## 잊지 말아야 할 인간의 잔혹한 역사
# 아우슈비츠 비르케나우 강제 수용소

| 국가 | 폴란드 |
|---|---|
| 위치 | 마워폴스카주 오시비엥침 |
| 제작 시기 | 1940년~1945년 |
| 등재 연도 | 1979년 |
| 관련 인물 | 아돌프 히틀러 |

## 오스트레일리아와 시드니를 상징하는 종합 극장
# 시드니 오페라 하우스

| 국가 | 오스트레일리아 |
|---|---|
| 위치 | 뉴사우스웨일스주 시드니 |
| 제작 시기 | 1955년~1973년 |
| 등재 연도 | 2007년 |
| 관련 인물 | 예른 오베르 웃손 |

### 태국의 화려했던 문화를 엿볼 수 있는
# 아유타야 역사 도시

아유타야 역사 도시에는 왕궁 세 곳을 비롯해 375개의 불교 사원, 29개의 요새, 94개의 커다란 문이 있어. 불교 사원 중 하나인 차이와타나람 사원에는 커다랗고 웅장한 탑들이 세워져 있지.

### 바위산에 만들어진 불교 미술의 걸작
# 아잔타 석굴

인도 아잔타에는 돌산에 굴을 파서 그 안에 불상, 그림, 조각 등을 만들어 놓은 석굴이 있어. 굴은 모두 서른 개가 넘어.

### 높은 곳에 위치한 신성한 도시
# 아테네의 아크로폴리스

그리스어로 '아크로폴리스'는 '도시의 위'라는 뜻으로 높은 곳을 이르는 말이야. 이름대로 아크로폴리스는 아테네가 한눈에 내려다보이는 언덕에 자리 잡고 있지.

### 이전에 없던 새로운 건축 양식을 창조한
# 안토니오 가우디의 건축물

카사 밀라, 구엘 저택, 구엘 공원 등 유네스코 세계 문화유산으로 지정된 가우디의 건축물은 총 일곱 개야.

## 바위산에 만들어진 불교 미술의 걸작
# 아잔타 석굴

| 국가 | 인도 |
|---|---|
| 위치 | 마하라슈트라주 북동부 아잔타 |
| 제작 시기 | 기원전 2세기~1세기, 5세기~6세기 |
| 등재 연도 | 1983년 |

## 태국의 화려했던 문화를 엿볼 수 있는
# 아유타야 역사 도시

| 국가 | 태국 |
|---|---|
| 위치 | 아유타야(방콕 북쪽) |
| 제작 시기 | 1350년경 |
| 등재 연도 | 1991년 |

## 이전에 없던 새로운 건축 양식을 창조한
# 안토니오 가우디의 건축물

| 국가 | 에스파냐 |
|---|---|
| 위치 | 카탈루냐 바르셀로나 등지 |
| 제작 시기 | 19세기 말 |
| 등재 연도 | 1984년(2005년 확장) |
| 관련 인물 | 안토니오 가우디 |

## 높은 곳에 위치한 신성한 도시
# 아테네의 아크로폴리스

| 국가 | 그리스 |
|---|---|
| 위치 | 아테네 |
| 제작 시기 | 기원전 5세기 후반 |
| 등재 연도 | 1987년 |

### 구석기 시대 사람들의 예술성을 엿볼 수 있는
# 알타미라 동굴과 구석기 동굴 벽화

> 구석기 시대 사람들은 돌, 나무 열매, 진흙 등 자연에서 얻은 도구와 재료로 동굴 벽에 훌륭한 그림을 남겼어.

### 크메르 왕조의 역사를 간직한 힌두교 사원
# 앙코르 유적지

> 앙코르 유적지 중 가장 널리 알려진 앙코르 와트는 수리야바르만 2세가 12세기에 건설한 힌두교 사원이야. 앙코르 와트에 들어가려면 앙코르 와트를 둘러싼 넓고 긴 인공 호수(해자)를 통과해야 해.

### 세 종교의 성지라 분쟁이 끊이지 않는
# 예루살렘 옛 시가지와 성곽

> 성벽으로 둘러싸인 원래의 예루살렘 지역은 기독교와 이슬람교의 성지야. 통곡의 벽을 중심으로 각기 다른 종교 집단이 경계를 이루고 있어 다툼이 끊이지 않지.

### 신을 모시는 숭배의 중심지
# 올림피아 고고 유적

> 올림피아는 기원전 10세기부터 신을 모시는 특별한 장소였어. 특히 제우스 신에게 바치는 행사였던 올림픽의 발상지라 올림픽 성화도 여기서 채화돼.

## 크메르 왕조의 역사를 간직한 힌두교 사원
# 앙코르 유적지

| 국가 | 캄보디아 |
|---|---|
| 위치 | 씨엠리아프 |
| 제작 시기 | 9~15세기 |
| 등재 연도 | 1992년 |
| 관련 인물 | 수리야바르만 2세 |

## 구석기 시대 사람들의 예술성을 엿볼 수 있는
# 알타미라 동굴과 구석기 동굴 벽화

| 국가 | 에스파냐 |
|---|---|
| 위치 | 칸타브리아주 산티야나 델 마르 |
| 제작 시기 | 기원전 35,000년~11,000년 |
| 등재 연도 | 1985년(2008년 확장) |

## 신을 모시는 숭배의 중심지
# 올림피아 고고 유적

| 국가 | 그리스 |
|---|---|
| 위치 | 펠로폰네소스 반도 서쪽 일리아 |
| 제작 시기 | 기원전 10세기 |
| 등재 연도 | 1989년 |

## 세 종교의 성지라 분쟁이 끊이지 않는
# 예루살렘 옛 시가지와 성곽

| 국가 | 요르단이 유네스코에 제안 |
|---|---|
| 위치 | 예루살렘 |
| 제작 시기 | 기원전 10세기 추정 |
| 등재 연도 | 1981년<br>(1982년 위험에 처한 세계유산 등재) |
| 관련 인물 | 아브라함, 마호메트 |

### 영국 왕실과 의회 민주주의를 상징하는
# 웨스트민스터 궁전과 사원, 성 마거릿 성당

템스강을 바라보고 있는 웨스트민스터 지역은 민주주의를 상징하는 곳이자 영국 왕가의 전통을 간직한 곳이야. 웨스트민스터 궁전과 사원, 성 마거릿 성당은 영국의 역사와 정치를 엿볼 수 있는 건축물이지.

### 다양한 종교와 문화가 함께하는
# 이스탄불 역사 지구

이스탄불은 보스포루스 해협을 사이에 두고 아시아와 유럽 두 대륙에 걸쳐 있어, 동서양을 연결하는 곳이라 자연스럽게 다양한 문화가 남아 있어.

유럽
보스포루스 해협
아시아
아야 소피아 성당
술탄 아흐메트 모스크

### 세계에서 가장 규모가 큰 궁전
# 자금성(고궁 박물원)

자금성은 규모로 따지면 세계에서 가장 큰 궁궐이야. 동서 길이 약 760미터, 남북 길이 약 960미터, 면적이 약 72만 제곱미터에 달하지.

### 대주교가 통치하는 도시 국가 형태를 보존한
# 잘츠부르크 역사 지구

호엔잘츠부르크성은 높고 가파른 암벽에 있기 때문에 어디에서든 옛 도심이 보여. 유럽에서 규모가 가장 큰 중세 시대 성이고, 오랜 시간이 지난 지금도 옛날 모습 그대로 남아 있는 특별한 성이야.

## 다양한 종교와 문화가 함께하는
# 이스탄불 역사 지구

| 국가 | 튀르키예 |
|---|---|
| 위치 | 이스탄불 |
| 제작 시기 | 4세기~19세기 |
| 등재 연도 | 1985년 |
| 관련 인물 | 콘스탄티누스 1세 |

## 영국 왕실과 의회 민주주의를 상징하는
# 웨스트민스터 궁전과 사원, 성 마거릿 성당

| 국가 | 영국 |
|---|---|
| 위치 | 런던 웨스트민스터 |
| 제작 시기 | 11세기~20세기 |
| 등재 연도 | 1987년(2008년 수정) |

## 대주교가 통치하는 도시 국가 형태를 보존한
# 잘츠부르크 역사 지구

| 국가 | 오스트리아 |
|---|---|
| 위치 | 잘츠부르크 |
| 제작 시기 | 8세기~19세기 |
| 등재 연도 | 1996년 |
| 관련 인물 | 볼프강 아마데우스 모차르트 |

## 세계에서 가장 규모가 큰 궁전
# 자금성(고궁 박물원)

| 국가 | 중국 |
|---|---|
| 위치 | 베이징 |
| 제작 시기 | 1406년~1420년 |
| 등재 연도 | 1987년 |

## 자연과 어우러진 조선 왕과 왕비의 무덤
# 조선 왕릉

519년 동안 조선을 통치한 왕가의 무덤 119기가 남아 있어. 이 중 42기는 왕릉으로, 왕과 왕비의 무덤을 말해. 왕릉 42기 중 우리나라에 있는 40기가 세계 문화유산으로 등재되었어.

## 조선 왕조를 상징하는
# 종묘

종묘는 조선 시대 왕과 왕비의 신주를 모신 사당이야. 유교 예법에 따른 조선 시대 왕실을 상징하고 왕실의 정통성을 유지하기 위해 만들어졌지.

## 아직도 발굴 중인 거대한 무덤
# 진시황릉

산처럼 보이는 게 중국을 최초로 통일한 진시황의 무덤이야. 흙을 구워 만든 병사 인형인 '병마용'이 무덤 주변에서 발견되었어.

## 자연과 조화를 이루어 더 아름다운
# 창덕궁

창덕궁은 전쟁이나 재난을 대비해 지어진 궁궐로, 경복궁의 동쪽에 있어. 창덕궁의 건물들은 주변 자연환경을 이용해 자연스럽게 조화를 이루도록 지어졌지.

## 조선 왕조를 상징하는
# 종묘

| 국가 | 대한민국 |
|---|---|
| 위치 | 서울특별시 종로구 |
| 제작 시기 | 조선(1394년~1395년) |
| 등재 연도 | 1995년 |
| 관련 문화재 | 종묘 제례, 종묘 제례악 |

## 자연과 어우러진 조선 왕과 왕비의 무덤
# 조선 왕릉

| 국가 | 대한민국 |
|---|---|
| 위치 | 서울 외곽 여러 곳 |
| 제작 시기 | 조선(1392년~1910년) |
| 등재 연도 | 2009년 |
| 관련 문화재 | 선릉, 정릉, 동구릉, 서오릉, 영릉, 홍릉 등 |

## 자연과 조화를 이루어 더 아름다운
# 창덕궁

| 국가 | 대한민국 |
|---|---|
| 위치 | 서울특별시 종로구 |
| 제작 시기 | 조선(1405년) |
| 등재 연도 | 1997년 |
| 관련 문화재 | 종묘, 창경궁 |

## 아직도 발굴 중인 거대한 무덤
# 진시황릉

| 국가 | 중국 |
|---|---|
| 위치 | 산시성 시안 |
| 제작 시기 | 기원전 246년~기원전 208년 |
| 등재 연도 | 1987년 |
| 관련 인물 | 진시황제 |

### 오랜 노력이 담긴 고딕 양식의 걸작
# 쾰른 대성당

독일 라인 강변의 쾰른 대성당의 정식 명칭은 '성 베드로와 마리아 대성당'이야. 세계에서 세 번째로 규모가 큰 고딕 양식의 교회지.

### 인도를 대표하는 이슬람 건축물
# 타지마할

인도 무굴 제국의 황제였던 샤자한이 사랑했던 왕비 뭄타즈 마할의 죽음을 슬퍼하며 지은 게 타지마할이야. 타지마할의 아름다운 모습에 많은 사람이 넋을 잃게 돼.

### 멕시코의 신비로운 유적
# 테오티우아칸

테오티우아칸은 '신들이 창조한 도시'라는 뜻으로, 아스테카 사람들이 이름 붙인 거야. '죽은 자의 거리'라는 넓고 긴 길을 따라 여러 신전과 궁전, 광장, 주거지, 경작지가 흩어져 있어.

### 청동기 시대부터 로마 시대까지 층층이 쌓인
# 트로이 고고 유적지

트로이는 청동기, 철기 시대의 흔적을 찾을 수 있는 고대 도시야. 〈일리아스〉서사시에 나온, 그리스 연합군이 커다란 목마를 만들어 트로이를 함락시킨 이야기가 실제로 존재했다는 걸 증명해.

## 인도를 대표하는 이슬람 건축물
# 타지마할

| 국가 | 인도 |
|---|---|
| 위치 | 아그라 남쪽 자무나강가 |
| 제작 시기 | 1631년~1648년 |
| 등재 연도 | 1983년 |
| 관련 인물 | 샤자한 |

## 오랜 노력이 담긴 고딕 양식의 걸작
# 쾰른 대성당

| 국가 | 독일 |
|---|---|
| 위치 | 쾰른 |
| 제작 시기 | 1248년~1880년 |
| 등재 연도 | 1996년(2008년 수정) |

## 청동기 시대부터 로마 시대까지 층층이 쌓인
# 트로이 고고 유적지

| 국가 | 튀르키예 |
|---|---|
| 위치 | 차나칼레 |
| 제작 시기 | 기원전 4000년 |
| 등재 연도 | 1998년 |
| 관련 인물 | 하인리히 슐리만 |

## 멕시코의 신비로운 유적
# 테오티우아칸

| 국가 | 멕시코 |
|---|---|
| 위치 | 멕시코시티 북동쪽 |
| 제작 시기 | 기원전 100년~600년 |
| 등재 연도 | 1987년 |

### 페르시아 제국의 영광을 보여 주는
# 페르세폴리스

페르세폴리스는 페르시아 제국의 다리우스 1세가 만든 도시야. 페르세폴리스를 보면 페르시아 사람들이 얼마나 뛰어난 건축술과 예술성을 갖고 있었는지 알 수 있어.

### 르네상스 예술의 중심지
# 피렌체 역사 지구

피렌체는 이탈리아어로 '꽃'이라는 의미로, 피렌체를 '꽃의 도시'라고 부르기도 해. 말 그대로 르네상스 시대에 예술과 문화가 꽃피었던 도시지.

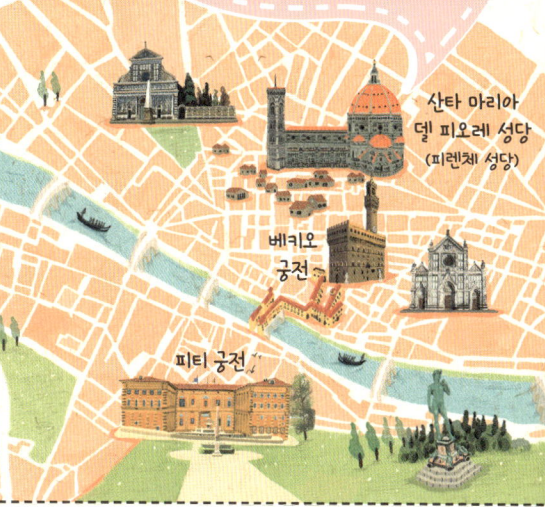

산타 마리아 델 피오레 성당 (피렌체 성당)

베키오 궁전

피티 궁전

### 조선 초기의 유교적 양반 문화를 간직한
# 하회 마을과 양동 마을

하회 마을과 양동 마을은 수백 년 동안 씨족 사회의 전통을 이어 온 곳이야. 강이 마을을 감싸며 흐르고 있어서 '하회(물돌이) 마을'이라고 해.

### 과학적인 설계로 팔만대장경을 지금까지 지킨
# 해인사 장경판전

경상북도 가야산에 해인사라는 절이 있는데, 그곳에 장경판전이 있어. 장경판전은 부처님 말씀을 새긴 팔만대장경을 보관하기 위해 만들어진 건물이야.

### 르네상스 예술의 중심지
# 피렌체 역사 지구

| 국가 | 이탈리아 |
|---|---|
| 위치 | 토스카나주 피렌체 |
| 제작 시기 | 14세기~15세기 |
| 등재 연도 | 1982년 |
| 관련 인물 | 라파엘로, 미켈란젤로, 레오나르드 다빈치, 보티첼리 등 |

### 페르시아 제국의 영광을 보여 주는
# 페르세폴리스

| 국가 | 이란 |
|---|---|
| 위치 | 파르스 |
| 제작 시기 | 기원전 518년~기원전 5세기 |
| 등재 연도 | 1979년 |
| 관련 인물 | 다리우스 1세, 크세르크세스 1세 |

### 과학적인 설계로 팔만대장경을 지금까지 지킨
# 해인사 장경판전

| 국가 | 대한민국 |
|---|---|
| 위치 | 경상남도 합천군 |
| 제작 시기 | 미상(1457년~1488년 다시 지어짐) |
| 등재 연도 | 1995년 |
| 관련 문화재 | 팔만대장경 |

### 조선 초기의 유교적 양반 문화를 간직한
# 하회 마을과 양동 마을

| 국가 | 대한민국 |
|---|---|
| 위치 | 경상북도 안동시, 경주시 |
| 제작 시기 | 조선(14세기~15세기) |
| 등재 연도 | 2010년 |
| 관련 인물 | 류성룡 |

### 불교의 전파 과정을 알려 주는
# 호류지의 불교 기념물

> 호류지의 불교 기념물은 일본에서 처음으로 유네스코 세계 문화유산에 지정된 유적이야. 세계에서 가장 오래된 나무 건축물이기도 하지.

• 내가 만들고 싶은 문화재 카드 •

### 전쟁의 상처이면서 평화의 상징이 된
# 히로시마 평화 기념관

> 원자 폭탄이 떨어진 이후 당시의 상태 그대로 보존된 이 건물은 '원폭 돔'이라는 이름으로 불려.

• 내가 만들고 싶은 문화재 카드 •

• 내가 만들고 싶은 문화재 카드 •

## 불교의 전파 과정을 알려 주는
# 호류지의 불교 기념물

| 국가 | 일본 |
|---|---|
| 위치 | 나라 |
| 제작 시기 | 607년 |
| 등재 연도 | 1993년 |
| 관련 인물 | 쇼토쿠 태자 |

---

• 내가 만들고 싶은 문화재 카드 •

## 전쟁의 상처이면서 평화의 상징이 된
# 히로시마 평화 기념관

| 국가 | 일본 |
|---|---|
| 위치 | 히로시마 |
| 제작 시기 | 1915년 |
| 등재 연도 | 1996년 |
| 관련 사건 | 태평양 전쟁 |